Wolfgang Förster

NATURPARKS IM WESTEN

USA

TRAVELGUIDE

360° medien

IMPRESSUM
Naturparks im Westen – USA
Wolfgang Förster

Nachtigallenweg 1 | 40822 Mettmann
360grad-medien.de

Redaktion und Lektorat: 360° medien

Satz und Layout: Lucas Walter

Gedruckt und gebunden:
LD Medienhaus GmbH & Co. KG | Feldbachacker 16 | 44149 Dortmund
www.ld-medienhaus.de

Bildnachweis: siehe Seite 256

ISBN: 978-3-96855-008-4
Hergestellt in Deutschland

360grad-medien.de

Wolfgang Förster

NATURPARKS IM WESTEN

USA

TRAVELGUIDE

360° medien

VORWORT

Liebe Leser!

Die herrliche Natur der Vereinigten Staaten ist einmalig. Besonders der Westen der USA bietet diesbezüglich einige Überraschungen – imponierende Landschaften, atemberaubende Berge, tiefblaue Seen, faszinierende Felsformationen, farbige Wüsten und eine aufregend schöne Pazifikküste.

All das findet man in den einzigartigen Nationalparks und den nicht minder schönen State Parks oder National Monuments. Das vorliegende Buch soll Ihnen einen ersten Überblick geben und Ihnen beeindruckende Reiseziele in der Natur des amerikanischen Westens näherbringen.

Zwei Empfehlungen habe ich für Sie. Lassen Sie sich Zeit! Sie können ganz Amerika nicht in drei Wochen entdecken. Der legendäre Pony Express benötigte für eine Strecke von 3100 Kilometern knapp acht Tage. Das könnten Sie mit Ihrem Mietwagen oder Wohnmobil heutzutage sicherlich toppen, müssen es aber nicht. Genießen Sie stattdessen die Zeit und sammeln Sie Eindrücke. Wandern Sie, fotografieren Sie, sprechen Sie mit den Menschen. Das Land hat unheimlich viel zu bieten.

Der zweite Tipp lautet: Meiden Sie die beliebten Parks rund um „lange Wochenenden". Die Amerikaner nutzen die Feiertage gerne für Kurztrips in die Natur, und daher sind viele Parks um den Memorial Day (letzter Montag im Mai), den Independence Day (4. Juli), den Labor Day (erster Montag im September) und um Thanksgiving (vierter Donnerstag im November) hoffnungslos überlaufen.

Viel Spaß!
Ihr Wolfgang Förster

INHALTSVERZEICHNIS

In den Monaten vor der Veröffentlichung dieses Buchs mussten Lokale und Besucherattraktionen immer wieder aufgrund der Corona-Pandemie ihre Öffnungszeiten einschränken oder zeitweise komplett schließen. Die in diesem Band angegeben Öffnungszeiten wurden gewissenhaft nach dem letzten bekannten Stand recherchiert – mit weiteren Änderungen ist jedoch nach der Pandemie zu rechnen, weshalb wir Lesern empfehlen, während des Aufenthalts im Westen der USA Öffnungszeiten anhand der hier aufgeführten Internetseiten selbst zu überprüfen.

RES = Reservierung empfehlenswert unter *recreation.gov* oder Tel. +1 877 444 6777;
FCFS = „First Come, First Served", keine Reservierungsmöglichkeit;
ft. = Feet, ein Foot sind etwa 30 Zentimeter.

Artemisia Geysir

WILLKOMMEN IN DEN NATURPARKS!

Amerikas Westen: Wer denkt da nicht sofort an die Abschlussszene eines der vielen Blockbuster, in der der Protagonist nach dem letzten großen Shootout einsam in einer monumentalen Landschaft in die untergehende Sonne reitet?

Für viele der ersten Siedler und Pioniere begann der Wilde Westen mit der Überquerung der Rocky Mountains. Nachdem sie wochenlang durch endlose Prärien der Great Plains gezogen waren und den gewaltigen Gebirgszug über den South Pass im heutigen Wyoming überquert hatten, zweigte bei Fort Hall der Oregon Trail nach Norden in Richtung Portland ab, während die Siedler, die allzu oft die sagenumwobenen Goldfelder der Sierra Nevada als Ziel hatten, südwärts weiter auf dem California Trail zogen.

Heute sind die Eingangstore zum Westen für uns europäische Urlauber meist die Großflughäfen Los Angeles International Airport (LAX), der San Francisco International Airport (SFO) oder der McCarran International Airport (LAS) in Las Vegas. Außerhalb der Großstädte ist der Reisende dann schnell inmitten faszinierender Landschaften angekommen.

So erwartet uns, nur knapp zwei Autostunden östlich der Mega-Metropole Los Angeles, eine völlig andere Welt – die Mojave Desert. Eben noch im nervenaufreibenden Gewusel der Großstadt unterwegs, bewegen wir uns nun, abseits der Fernstraßen, in der Einsamkeit schier endloser Wüstenlandschaften. Ab und an sehen wir scheinbar verlassene und dem Verfall preisgegebene Gebäudekomplexe. Wohnt hier noch jemand oder ist es schon eine Ghosttown?

Keine derartigen Fragen lassen die hohen Zäune offen, die mal rechts und mal links der Straße neugierige Besucher abhalten sollen. Große Schilder weisen darauf hin, dass hinter der Absperrung militärisches Sperrgebiet liegt. Militärisch genutzt wurde in früheren Zeiten auch der heute Mojave Air & Space Port genannte

Mojave Desert

Flughafen an der State Route 14, der wegen des vorherrschenden trockenen Klimas der temporären Flugzeuglagerung, aber auch der Verschrottung von Flugzeugen dient.

Die touristisch bestens erschlossene Ortschaft Yucca Valley ist ein guter Ausgangspunkt für den Besuch des Joshua Tree National Park. Die zahllosen, meist nicht allzu hohen Felsen bieten Sportkletterern einzigartige Bouldermöglichkeiten. Wegen der großen Hitze ist der Park in den Sommermonaten nur spärlich besucht.

Auch in der Mojave National Preserve, zwischen den Interstates 15 und 40 gelegen, wachsen Joshua Trees. Und auch hier müssen sich Mensch und Natur auf die extreme sommerliche Hitze einstellen. Allerdings können im Winter die Temperaturen auf den Berggipfeln des Schutzgebietes auch auf bis zu minus 20 Grad Cesius fallen. Aus der Vielfalt der oft durch vulkanische Aktivitäten und eiszeitliches Schmelzwasser geprägten Landschaftsformen ragen drei touristische Highlights für Fotografen besonders heraus. Die bis zu 200 Meter hohen Kelso Dunes westlich der Kelbaker Road, die Lava Tube genannte Höhle, in der sich um die Mittagszeit interessante Lichtkegel fotografieren lassen, und der sehenswerte Bahnhof Kelso Depot, der nach langer Fahrt durch die Wüstenlandschaft unerwartet und in pittoresker Schönheit am Straßenrand auftaucht.

Weiter im Norden, teilweise schon auf dem Gebiet des Great Basin, schließt sich mit dem Death Valley National Park die nächste außergewöhnliche Wüstenlandschaft an. Und da in den USA vieles in Superlativen benannt wird, befindet sich im heißesten Nationalpark des Landes auch der tiefste Punkt der Vereinigten Staaten (Badwater). Von Las Vegas aus ist das Death Valley gut erreichbar.

Das Great Basin wird im Westen von dem Gebirgszug der Sierra Nevada und im Südosten vom Colorado Plateau eingegrenzt und zieht sich im Norden bis zum Großen Salzsee und tief nach Oregon hinein. Einsamkeit wird hier regelrecht vermarktet, führt doch die US Route 50 als „Loneliest Road in America" quer durch das Great Basin.

Las Vegas wäre auch ein guter Startpunkt, um das Colorado Plateau mit seinen zahllosen Verwerfungen, tiefen Schluchten und dominierenden Mesas zu entdecken. Die vielen Parks wie der Grand Canyon, der Zion, der Capitol Reef, der Bryce Canyon, der Arches und der Canyonlands National Park, aber auch das Cedar Breaks oder das Grand Staircase National Monument gewähren im wahrsten Sinne des Wortes tiefe Einblicke in die erdgeschichtliche Entwicklung des Colorado Plateaus.

Etwa auf halben Weg zwischen der berühmt-berüchtigten Spielerstadt in Nevada und der legendären Hafenstadt San Francisco bildet die Sierra Nevada eine natürliche Grenze. Während im Winter viele der Gebirgspässe wegen extremer Schneemassen regelmäßig gesperrt werden müssen, sind die majestätischen Bergwelten der Nationalparks Kings Canyon, Sequoia und Yosemite sowie die Erholungsgebiete rund um den Lake Tahoe in den Sommermonaten fest in der Hand der Touristen.

Sierra Nevada

Colorado Plateau

Zwei weitere Nationalparks, die hinsichtlich der Besucherzahlen unterschiedlicher nicht sein können, liegen im Nordwesten der USA. Den Olympic National Park, auf der gleichnamigen Halbinsel, kann man getrost noch als Geheimtipp bezeichnen. Bei Wanderungen in dem weitläufigen Park, egal, ob an der wilden, zerklüfteten Pazifikküste, im gemäßigten, oft von Nebelschwaden durchzogenen Regenwald an der Westseite oder in den im Zentrum gelegenen und von Gletschern gekrönten Olympic Mountains ist man oft mutterseelenallein unterwegs. Genau das ist es, was sich viele Besucher wünschen: Ruhe und Erholung in einer weitestgehend unberührten und intakten Natur.

Last, not least der Yellowstone National Park. Ein Park der Superlative – in vielerlei Hinsicht. Die einzigartige Tierwelt lockt schon viele Besucher an. Natürlich sind auch die vulkanischen Aktivitäten, die mehr oder weniger regelmäßig spuckenden Geysire, blubbernde Schlammtöpfe und die in den unterschiedlichsten Farben leuchtenden heißen Quellen einen Besuch wert. Und auch Wanderer kommen auf den zahlreichen Wegen durch die verschiedenen Landschaften voll auf ihre Kosten. Da wundert man sich nicht, dass der Park in den Ferien oder an Brückentagen regelrecht überlaufen ist.

Wolfgang Förster

TOP 10

DER SEHENSWÜRDIGKEITEN IM WESTEN

1 **Yellowstone National Park:** Ganz sicherlich zu Recht führt der Yellowstone den Titel „Mutter aller Nationalparks". Heute umfasst das Gebiet des Yellowstone National Park nahezu 9000 Quadratkilometer. Entsprechend groß ist das Angebot an Highlights für Naturliebhaber. Atemberaubende Landschaften wie dichte Wälder und weitläufige Wiesen, bis zu 3462 Meter hohe Berge und tiefe, von Flüssen gegrabene Schluchten ziehen die Besucher in ihren Bann. Eine enorme Anzahl von Wildtieren wie zum Beispiel Elche, Bären, Wölfe und die allgegenwärtigen Bisons durchstreifen den Park. Andere Touristen kommen wegen der vielen Seen, der unbändigen Flüsse und der herabstürzenden Wasserfälle. Auch die unzähligen geothermalen Objekte locken Besucher an. Geysire, Schlammtöpfe und heißen Quellen sind außerdem ein sichtbares Zeichen dafür, dass der Park in der Caldera eines riesigen Supervulkans liegt, dessen letzte große Eruptionsserie vor rund 640.000 Jahren endete. *nps.gov/yell/index.htm*

2 **Grand Canyon National Park:** Er hat unzählige Facetten, ist riesengroß und wird Jahr für Jahr von Millionen Touristen aus aller Welt besucht. Der Grand Canyon National Park ist ein Urlaubsziel der Extraklasse. Egal, ob man ihn sich nur von der Kante aus anschaut, ihn erwandert, überfliegt, auf dem Rücken eines Maultieres erforscht oder tief unten auf dem Colorado River eine Raftingtour unternimmt – das gewaltige Naturmonument ist beeindruckend und hinterlässt bleibende Erinnerungen. Nicht umsonst gilt der Grand Canyon als einer der meistbesuchten Nationalparks der USA. *nps.gov/grca/index.htm*

3 **Yosemite National Park:** Natur pur in der Sierra Nevada Kaliforniens. Wiesen und Wälder. Wandern und Bergsteigen. Hohe Berge und weite Täler. Radfahren und Reiten. Riesige Mammutbäume und unzählige Schmetterlinge. Ruhige Bergseen und tosende Wasserfälle. Einsamkeit und quirliges Treiben. Der Yosemite National Park bietet für (fast) jeden das Passende. Im Mittelpunkt steht die weitgehend unberührte Natur. Der Mensch ist dabei nur ein Sammler – von unbezahlbaren Eindrücken, die sich tief im Gehirn einbrennen. *nps.gov/yose/index.htm*

4 **California Highway 1:** Zur Fahrt auf der offiziell auch State Route 1 genannten Bundesstraße, die größtenteils entlang der Pazifikküste des Bundesstaates Kalifornien verläuft, passt bestens die Musik der Beach Boys – egal, ob „Surfin' USA", „I get Around" oder „Surfer Girl". Die Palette der Highlights entlang der Straße ist vielfältig. Traumhafte Aussichten, State Parks mit außergewöhnlicher Flora und Fauna, liebens- und lebenswerte Kleinstädte, besondere Brücken wie die Bixby Bridge im Art-déco-Stil und immer wieder weitläufige, einladende Strände. *visit-usa.at/kalifornien-highway-no-1*

5 **The Wave:** Vor etwas mehr als zwanzig Jahren galt die „The Wave" genannte Felsformation aus rotem Sandstein noch als Geheimtipp unter Insidern. Heute bemühen sich bei den Online-Verlosungen tausende Touristen aus aller Welt, um eines der begehrten Permits zu erhalten. Nur mit dieser Erlaubnis ist es möglich, die Coyote Buttes North an der Grenze der US-Bundesstaaten Arizona und Utah zu durchwandern und in der schon einzigartigen Landschaft den Weg zur sagenhaften Wave zu finden. *thewave.info*

6 **Utah Highway 12:** Rund 198 Kilometer schlängelt sich die auch „A Journey through Time Scenic Byway" bezeichnete Utah State Route 12 durch die grandiose und farbenfrohe Landschaft im Süden Utahs. Ein imposanter Ausblick folgt dem anderen. Auch das Hinterland kann sich sehen lassen, führt die gut ausgebaute Straße doch durch den nördlichen Teil des Grand Staircase-Escalante National Monument (GSENM). Hier findet der naturliebende Reisende zahlreiche Attraktionen, aber auch Einsamkeit und Ruhe. *visitutah.com/articles/the-all-american-road-scenic-byway-12*

7 **Route 66:** Die Fahrt auf der auch Mother Road genannte Straße von Chicago nach Los Angeles versetzt den Reisenden in längst vergangene Zeiten. Am Straßenrand stößt man immer wieder auf alte Scheunen, pittoreske Tankstellen und mehr oder weniger einladende Diner aus der Hochzeit der Route 66. Manche dieser Objekte sind liebevoll restauriert, andere befinden sich im Originalzustand und sind dem Verfall preisgegeben. Dazu die verschiedenen, eindrucksvollen Landschaften – die US 66 präsentiert sich als Eldorado für ambitionierte Fotografen. *visittheusa.de/trip/route-66-roadtrip-durchs-herz-der-usa*

8 **Crater Lake National Park:** Der Park liegt im Süden von Oregon und ist der einzige Nationalpark des Staates. Er besteht aus dem eigentlichen See sowie den umliegenden Bergen und Wäldern und ist 741 Quadratkilometer groß. Der See bildete sich, als etwa 5700 v. Chr. der Mount Mazama nach einem gewaltigen letzten Vulkanausbruch in sich zusammenstürzte und die heutige Caldera hinterließ. Es dauerte rund 750 Jahre bis diese sich mit Regenwasser füllte und den Kratersee mit seinem wunderschönen, tiefblauen Farbton bildete, so wie wir ihn heute kennen. *nps.gov/crla/index.htm*

9 **Bodie:** „Goodbye God, I'm going to Bodie!" Der Satz stand im Tagebuch eines zehnjährigen Mädchens, das um 1880 zusammen mit ihrer Familie in die Goldgräberstadt in der östlichen Sierra Nevada ziehen sollte. Die prosperierende Stadt hatte einen schlechten Ruf. Schlägereien, Überfälle, Schießereien und Morde waren an der Tagesordnung. Mit dem Rückgang der Goldfunde zogen die Einwohner weiter – Bodie wurde zur Ghosttown. Seit 1962 als Bodie

State Historic Park bieten die weit über hundert noch existierenden Gebäude den Besuchern einen unvergleichlichen Einblick in das alltägliche Leben im ehemaligen Wilden Westen. *parks.ca.gov/?page_id=509*

---

10 **Arches National Park:** Die Anhäufung der zahlreichen bogenförmigen Felsbrücken, der Arches, hat dem Nationalpark seinen Namen gegeben. Auf dem 310 Quadratkilometer großen Parkgelände befinden sich an die 2000 dieser Steinbögen in allen Größen und Formen. Sie entstanden durch die über Jahrtausende währende Erosion und Verwitterung. Der bekannteste, als Wahrzeichen auch auf dem Kfz-Kennzeichen von Utah verewigt, ist sicherlich der Delicate Arch. Jeden Abend pilgern zahlreiche Wanderer auf dem 4,8 Kilometer langen Weg von der Wolfe Ranch zu dem berühmten Arch, der beim Sonnenuntergang vor dem Hintergrund der La Sal Mountains besonders sehenswert und fotogen ist. *nps.gov/arch/index.htm*

KURIOSES & BESONDERHEITEN

AUS AUS DEM WESTEN

Fische in der Nähe vom Death Valley, dem heißesten Ort der USA? Ja, sie leben dort im Devils Hole, einem nur wenigen Quadratmeter großen Wasserloch in der Amargosa Desert. Der unscheinbare Pool ist aber nur der Eingang zu einem weitverzweigten, mit Wasser gefülltem und mindestens 150 Meter tiefem Höhlensystem. Das konstant 33 Grad Celsius warme und sauerstoffarme Wasser bildet den Lebensraum für den nur drei bis sieben Zentimeter großen Pupfish (Teufelskärpfling). Untersuchungen von Wissenschaftlern ergaben, dass die Fischart bereits seit 10.000 bis 20.000 Jahren weitgehend isoliert von äußeren Einflüssen hier lebt. Die Fische wie auch das Höhlensystem sollen Überbleibsel des prähistorischen Lake Manly sein, der im Pleistozän das Tal füllte, dann aber austrocknete und das heutige Death Valley prägte. Der bereits 1890 klassifizierte Pupfish ist mit einer Population von nur noch ca. 200 (im Winter) bis 500 Exemplaren (im Spätsommer) als vom Aussterben bedroht. Entsprechend konsequent sind die Schutzmaßnahmen. Das Gebiet um das Devils Hole ist gesperrt und darf nur in Begleitung von Nationalpark-Rangern betreten werden.

Jeden Tag bringt die historische Grand Canyon Railway Nationalparkbesucher von Williams, Arizona, zum südlichen Rand der vom Colorado River geschaffenen Schlucht. Ihre erste Fahrt zu dem imposanten Naturdenkmal unternahm die Eisenbahngesellschaft bereits am 17. September 1901. Ursprünglich wurde die Strecke für den Transport von Erzen und für die Versorgung der Bergwerke gebaut. Dann begann der Grand-Canyon-Boom. Seitdem nutzen unzählige Touristen, aber auch Prominente wie Theodore Roosevelt, John Muir, Dwight D. Eisenhower, Clark Gable, Doris Day, Warren Buffet und sogar Bill Gates die legendären Züge. Liebevoll restaurierte Lokomotiven und Waggons verschiedener Epochen sorgen dabei für das passende Ambiente. Meist sind Diesel-Loks im Einsatz, an besonderen Tagen, etwa zehnmal im Jahr, auch nostalgische Dampflokomotiven. Die zweistündige Reise über das Colorado Plateau führt durch verschiedene Landschaften, vom Ponderosa-Kiefernwald, der die Stadt Williams umgibt, über einen sanften Höhenunterschied hinab in die weite Prärie, bevor es wieder hinauf zu dem von Pinyon-Kiefern geprägten Südrand des Grand Canyon National Park geht. Unterwegs sorgen Musiker in den einzelnen Waggons für Unterhaltung und spielen authentische Countrymusik.

Seit 1856 weist das Battery Point Lighthouse auf einer kleinen Insel vor Crescent City, Kalifornien, den Seeleuten die sichere Einfahrt in den Hafen. 1953 wurde der 14 Meter hohe Leuchtturm automatisiert und 1965 ganz abgeschaltet. Seitdem dient ein unromantisches Blitzlicht am Ende des nahen Wellenbrechers als Navigationshilfe. Erstaunlich ist, wie der historische Leuchtturm den schlimmen Tsunami von 1964, der durch das gewaltige Karfreitagserdbeben in Alaska ausgelöst wurde, überstanden hat. Eine riesige Wasserwand überrollte damals Crescent City. Elf Einwohner kamen dabei ums Leben. 21 Boote wurden im Hafen zerstört und 91 Häuser in der Stadt beschädigt. Auf der vorgelagerten Insel aber überstanden der Leuchtturm und das Wärterhaus die Katastrophe nahezu unbeschadet. Heute betreibt die Del Norte Historical Society das Battery Point Lighthouse and Museum. Von April bis September kann das Museum täglich, in den restlichen Monaten nur am Wochenende besichtigt werden. Zu sehen gibt es die mit originalgetreuen Möbeln eingerichtete Wohnung des Leuchtturmwärters, alte Fotos und Dokumente und natürlich die Technik des Leuchtfeuers. Die Besucher sollten berücksichtigen, dass der Weg zur

Insel nur bei Ebbe begehbar ist. Die Flut steigt hier sehr schnell an, und wer sich zu spät auf den Rückweg macht, muss unter Umständen mehrere Stunden auf der Insel bleiben, bis die nächste Ebbe den Weg wieder freigibt.

Die Abfahrt 196 von der Interstate 15, etwa auf dem halben Weg zwischen Las Vegas und Los Angeles gelegen, ist eine Abfahrt wie jede andere. Und trotzdem lohnt es sich, hier eine Pause einzulegen. Denn nur wenige Meter entfernt wartet Peggy Sue's 50's Diner auf hungrige Gäste. Angefangen hat alles 1954 mit neun Barhockern und drei Sitznischen. Die originalen Räumlichkeiten sind auch heute noch vorhanden und auch die Kellnerinnen servieren noch in der Kleidung der 1950er-Jahre. Doch es wurde im Laufe der Zeit mehrfach an- und ausgebaut, um die umfangreiche Sammlung von Erinnerungstücken aus der guten alten Zeit, aber auch die Gäste unterzubringen. In den urigen Räumen des Diners treffen Touristen auf Einheimische, Trucker und Soldaten der angrenzenden Marine Corps Basis. Alle kommen hier hin, weil ihnen die Atmosphäre gefällt, weil sie die Musik der 1950er gerne hören und natürlich wegen des hausgemachten Essens nach Großmutters Rezepten. Die Speisenkarte listet neben dem King Kong Monster Burger, der Jailhouse Rock Soup und dem Tina Turner Tuna Sandwich noch zahlreiche vielversprechende Köstlichkeiten auf.

KANADA
USA
MEXIKO
WASHINGTON
MONTANA
NORTH DAKOTA
SOUTH DAKOTA
OREGON
IDAHO
WYOMING
NEBRASKA
IOWA
NEVADA
UTAH
COLORADO
KANSAS
KALIFORNIEN
ARIZONA
NEW MEXICO
OKLAHOMA
TEXAS
NORTH CAROLINA
FLORIDA
Ottawa
New York
Washington
Las Vegas
Los Angeles
Atlanta
Austin
Miami
Nassau
Mexiko Stadt
Guatemala-Stadt
Pazifischer Ozean
Atlantischer Ozean
Karibisches Meer

Kelowna
Lethbridge
Medicine Hat
KANADA
Nanaimo
Vancouver
Chilliwack
Bellingham
Everett
Seattle
WASHINGTON
Spokane
Great Falls
Olympia
Missoula
Helena
MONTANA
Yakima
Kennewick
Billings
Portland
Salem
IDAHO
Eugene
Bend
OREGON
Boise
Idaho Falls
WYOMING
Pocatello
Medford
USA
Salt Lake City
Redding
Santaquin
Chico
Carson City
NEVADA
UTAH
Santa Rosa
Sacramento
Pazifischer Ozean
San Francisco
San Jose
St George
Salinas
Fresno
Visalia
Las Vegas
KALIFORNIEN
Santa Maria
Bakersfield
Flagstaff
Albuquer
Lake Havasu City
ARIZONA
Los Angeles
Riverside
NEW MEXICO
Phoenix
San Diego
Mexicali
Tijuana
Tucson
Ensenada
Puerto Peñasco
Heroica Nogales
Ejido Lázaro Cárdenas
Heroica Caborca
Cananea
MEXIKO

Der hohe Norden
Grand Teton National Park

Der hohe Norden

1. Olympic National Park: Regenwald, wilde Küste und hohe Berge
2. Glacier National Park: grenzüberschreitend
3. Mount Rainier National Park: einsame Spitze
4. Mount Saint Helens National Volcanic Monument: Apocalypse now?
5. Yellowstone National Park: Vorbild für alle
6. Grand Teton National Park: Bilderbuchberge
7. Crater Lake National Park: mehr Blau geht nicht
8. Redwood National Park: im Land der Riesen
9. Lassen Volcanic National Park: der große Knall
10. Great Basin National Park: Einsamkeit pur
11. Cathedral Gorge State Park: einen Besuch wert

KANADA
WASHINGTON
MONTANA
Kalispell
Everett
Seattle
Wenatchee
Spokane
Great Falls
Aberdeen
Missoula
Yakima
Moscow
Lewiston
Helena
Longview
Kennewick
Butte
Bozema
Portland
The Dalles
La Grande
Salem
OREGON
IDAHO
Eugene
Bend
Idaho Falls
Boise
Mountain Home
Coos Bay
Roseburg
USA
Pocatello
Twin Falls
Medford
Klamath Falls
Ogden
Salt Lake City
Eureka
Elko
Susanville
Orem
Santaquin
Chico
Carson City
NEVADA
Ukiah
Yuba City
Santa Rosa
Sacramento
Elk Grove
UTAH
San Francisco
San Jose
Merced
St George
Fresno
Salinas
Mesquite
Pazifischer Ozean
KALIFORNIEN
Las Vegas
Henderson
ARIZONA
Bakersfield
Santa Maria
Kingman
Flagstaff
Lancaster
Lake Havasu City
Prescott
Payson
Oxnard
Riverside
Indio
Blythe
Long Beach
Oceanside
1
2
3
4
5
6
7
8
9
10
11

1. Olympic National Park: Regenwald, wilde Küste und hohe Berge

Gegründet wurde der Olympic National Park im Westen des Bundesstaates Washington im Jahr 1938, um die dort heimischen Wapitis (Roosevelt-Hirsche), den Regenwald und die wilde Pazifikküste zu schützen. Der über 3700 Quadratkilometer große Park auf der Olympic-Halbinsel gliedert sich in zwei voneinander getrennte Teile. Zum einen der rund 100 Kilometer lange, aber schmale Bereich unmittelbar an der zerklüfteten Küste und zum anderen das Gebiet rund um den höchsten Berg der Halbinsel, den mächtigen Mount Olympus (2430 Meter).

Wilde Olympic-Küste

Im Regenwald

Es ist die Vielfalt, die den Olympic National Park so interessant macht – ein Paradies für Wanderer. Rund 1000 Kilometer angelegte Wanderwege warten auf die Besucher. An der Küste laden die Sandbuchten Ruby Beach, Rialto Beach oder La Push mit der Mündung des Quillayute River zu langen, einsamen Strandspaziergängen ein. Die kleine Ortschaft La Push erlangte Weltruhm als Schauplatz der Twilight Saga. Auch die Felsküste wird von Ruhe- und Entspannungssuchenden geschätzt. Besonders die Morgen- und Abendstunden bieten hier ein einzigartiges Spiel von Licht und Schatten. In den bei Ebbe entstehenden Gezeitentümpeln lassen sich unzählige Meerestiere sicher vom Trockenen aus beobachten. Baden ist nicht unbedingt angesagt – auch im Hochsommer ist das Wasser des Pazifiks hier noch erfrischend kalt.

Weiter im Inland erwartet den Nationalpark-Besucher ein anderes spannendes Ökosystem: den von Nadelbäumen dominierten gemäßigten Regenwald. Uralte Baumbestände, die zu den umfangreichsten im Lande gehören, mit moosüberzogenen Bäumen, die eine Höhe bis zu 100 Meter erreichen, gedeihen prächtig in den immerfeuchten Tälern. Grund dafür sind die Niederschläge, die sich vom Meer kommend an den Flanken der Gebirgszüge abregnen. Der Jahresniederschlag ist der höchste auf dem nordamerikanischen Kontinent. Nur auf Hawaii fällt mehr Regen. In den Tälern an der Ostseite des Parks ist das Klima deutlich trockener. Auch hier gibt es Urwälder, aber die Bäume sind kleiner, das Unterholz weniger dicht, und immer wieder haben Waldbrände breite

Wandern im Hochgebirge

Schneisen in den Bestand geschlagen.

Außerhalb der Wälder blickt man über blumenübersäte Bergwiesen auf das schneebedeckte Hochgebirgspanorama. Von Port Angeles führt eine 27 Kilometer lange, kurvenreiche Bergstraße zum Hurricane Ridge Visitor Center, das auf einer Höhe von 1670 Metern über dem Meeresspiegel liegt. Ein idealer Ausgangspunkt für Wandertouren ins Hochgebirge. An klaren Tagen ist der Ausblick von hier

Backcountry Camping

atemberaubend. Man blickt auf das Innere des Parks mit seinen Wäldern und tiefen Tälern und auf die mit Schnee und glänzenden Gletschern bedeckten Bergketten. In nördlicher Richtung sieht man die bis zu 150 Kilometer ins Landesinnere reichende Strait of Juan de Fuca und in der Ferne sogar Vancouver Island.

INFO

Lage: Der Park liegt im nordwestlichen Teil des Bundesstaates Washington auf der Olympic-Halbinsel.

- Olympic National Park: 3002 Mount Angeles Road, Port Angeles, WA 98362, Tel. +1 360 565 3130, *nps.gov/olym*

Anfahrt: Von Seattle fährt man ca. 30 Kilometer bis zu US-101, der den Nationalpark umrundet. Verschiedene Stichstraßen führen von US-101 ins Innere des Parks.

Eintritt: 30 USD je Pkw oder 15 USD je Person für jeweils sieben Tage

Aktivitäten: Wandern, Bergsteigen, Radfahren, Tiere beobachten, Fotografieren, Fischen, Boot fahren, Rangerprogramme

Unterkünfte:
Campingplätze im Park

- Fairhole: 88 Plätze, max. 21 ft., Apr bis Sep, FCFS
- Heart O' the Hills: 105 Plätze, max. 35 ft., gzj., FCFS
- Hoh: 78 Plätze, max. 35 ft., gzj., FCFS
- Kalaloch: 170 Plätze, max. 35 ft., gzj., RES
- Mora: 94 Plätze, max. 35 ft., gzj., FCFS
- Ozette: 15 Plätze, max. 21 ft., gzj., FCFS
- Sol Duc: 82 Plätze, max. 35 ft., Mrz bis Okt, RES
- South Beach: 55 Plätze, max. 35 ft., Mai bis Sep, FCFS
- Staircase: 49 Plätze, max. 35 ft., gzj., FCFS

RES = Reservierung empfehlenswert unter *recreation.gov;* FCFS = „First Come, First Served", keine Reservierungsmöglichkeit; ft.= Feet, ein Foot sind etwa 30 Zentimeter.

Hinweis: Straßenzustands- und Wetter-Hotline:
Tel. +1 360 565 3131

2. Glacier National Park: grenzüberschreitend

Mächtige Gletscher, gewaltige Berge und zahllose Seen – so könnte man den Glacier National Park an der nördlichen Grenze Montanas mit wenigen Worten beschreiben. Und da die Natur nicht vor Landesgrenzen haltmacht, ist das einzigartige Gebiet auch jenseits der Staatsgrenze geschützt und heißt hier, in der kanadischen Provinz Alberta, Waterton Lakes National Park.

Going-to-the-Sun Road

Der 1910 gegründete und heute als Crown of the Continent bezeichnete Glacier National Park ist seit 1976 ein Biosphärenreservat und wurde 1995 von der UNESCO zum Weltnaturerbe erklärt. Allerdings sind von den 150 Gletschern mit mehr als 25 Hektar Oberfläche heute nur noch 25 Gletscher übriggeblieben. Über 50 Prozent des 4100 Quadratkilometer großen Nationalparks sind bewaldet. Jeweils etwa zehn Prozent sind Prärien (Grasland) und Wasserflächen. Die restlichen knapp 30 Prozent der Parkfläche liegen oberhalb der Baumgrenze und sind nackter Fels oder nur spärlich bewachsen mit Moosen, Flechten oder alpinen Matten.

Im Park leben heute rund 70 Säugetierarten, darunter geschätzte 350 Grizzly- und mindestens 800 Schwarzbären. Wapiti-Hirsche (Elks), Bighorn-Schafe und Schneeziegen, aber auch Biber, Luchse und Berglöwen werden regelmäßig gesichtet. Darüber hinaus bevölkern fast 260 Vogelarten bis hin zum legendären Weißkopfseeadler die Gipfel und Täler des Nationalparks.

Erschlossen wird der Park hauptsächlich durch die rund 80 Kilometer lange Going-to-the-Sun Road, die 1933, nach zwölfjähriger Bauzeit, feierlich eröffnet wurde. Die besonders im westlichen Teil sehr kurvenreiche und enge Straße verbindet den West- und Osteingang des Nationalparks über den 2026 Meter hohen Logan Pass. Problematisch für die Straßenwächter sind die eisigen Temperaturen in den Höhenlagen. Oft ist die Straße noch bis in den Juni hinein wegen Schneeverwehungen nicht befahrbar und gesperrt. Im Rekordjahr 2011 konnte die Straße erst am 13. Juli wieder für den Verkehr freigegeben werden. Aber selbst ohne Schnee ist die Durchfahrt für Fahrzeuge, die länger als 21 und höher als acht Feet sind, verboten. Größere Fahrzeuge schaffen die engen Kurven nicht, oder es fehlt an Freiraum bei den Felsüberhängen. Ansonsten ist die Fahrt über die Going-to-the-Sun Road atemberaubend. Sie führt vorbei an wunderschönen Bergseen wie dem Lake McDonald oder dem Saint Mary Lake und bietet Ausblicke auf bis in den Sommer schneebedeckte Gipfel wie zum Beispiel den Heavens Peak (2740 Meter) oder den Mount Jackson (3064 Meter) mit dem spektakulären Jackson Glacier.

Klarer Bergsee

Die „Jammers" stehen bereit.

Das Freizeitangebot ist groß. Abseits der Straße verfügt der Nationalpark über ein ausgedehntes Wanderwegenetz von über 1100 Kilometer Streckenlänge. Die von den Rangern empfohlenen Wanderungen umfassen sowohl einfache Eine-Stunde-Hikes als auch anspruchsvolle Mehrtagesrouten ins einsame Hinterland des Parks. Für Besucher, die nicht gerne wandern, stehen Shuttlebusse oder die „Jammer" genannten nostalgischen roten Tourbusse aus den 1930er-Jahren bereit.

Wassersport im Glacier National Park

Innerhalb des Parks werden Reittouren angeboten. Für Mountainbiker hat die Parkverwaltung spezielle Strecken ausgewiesen. Die größeren Seen wie der Swiftcurrent Lake oder der Two Medicine Lake können mit Ausflugsbooten, die zum Teil aus den 1920er-Jahren stammen, erkundet werden. Auch Kajaks und Kanus können gemietet werden.

INFO

Lage: im Norden Montanas unmittelbar an der kanadischen Grenze

- Glacier National Park: 64 Grinnell Drive, West Glacier, MT 59936, Tel. +1 406 888 7800, *nps.gov/glac*

Anfahrt:

- Von Westen fährt man über I-90 bis Wye und dort auf US-93 in nördlicher Richtung bis Kalispell. Von dort führt US-2 direkt zum westlichen Parkeingang.
- Von Osten erreicht man den Park über I-15. Ab Shelby führt dann US-2 zum östlichen Parkeingang.

Eintritt: 35 USD je Fahrzeug oder 20 USD je Person für jeweils sieben Tage

Aktivitäten: Wandern, Radfahren, Tiere beobachten, Fotografieren, Reiten, Bustouren, Fischen, Kanu/Kajak fahren, Rangerprogramme

Unterkünfte:

Campingplätze im Park

- Apgar: 192 Plätze, Apr bis Okt, max. 40 ft., FCFS
- Avalanche: 87 Plätze, Jun bis Sep, max. 26. ft., FCFS
- Bowman Lake: 84 Plätze, Mai bis Sep, max. 21 ft., FCFS
- Cut Bank: 19 Plätze, Jun bis Sep, max. 21 ft., FCFS
- Fish Creek: 180 Plätze, Jun bis Sep, max. 35 ft., RES
- Kintla Lake: 13 Plätze, Jun bis Sep, max. 21 ft., FCFS
- Logging Creek: 13 Plätze, Jun bis Sep, max. 21 ft., FCFS
- Many Glacier: 110 Plätze, Jun bis Sep, max. 35 ft., RES
- Quartz Creek: 7 Plätze, Aug bis Okt, max. 21 ft., FCFS
- Rising Sun: 84 Plätze, Jun bis Sep, max. 25 ft., FCFS
- St. Mary: 148 Plätze, Jun bis Sep, max. 40 ft., RES
- Two Medicine: 100 Plätze, Jun bis Sep, max. 35 ft., FCFS

3. Mount Rainier National Park: einsame Spitze

Mit 4392 Metern ist der Mount Rainier der höchste Berg der nordamerikanischen Kaskadenkette, die sich über 1300 Kilometer von British Columbia bis zum Lassen Peak in nördlichen Kalifornien erstreckt. Der mächtige Schichtvulkan mit der vergletscherten Spitze ist der Mittelpunkt des 956 Quadratkilometer großen, nach ihm benannten Nationalparks, der bereits 1899 gegründet wurde.

Mount Rainier

Heute wird der Park von rund 1,5 Millionen Gästen jährlich besucht. In den Sommermonaten sind dies Wanderer und Bergsteiger, im Winter Langläufer und Schneeschuhwanderer. Den Nationalpark durchziehen zahlreiche Wanderwege unterschiedlicher Länge und Schwierigkeitsgrade. Sie führen die Besucher zu Wasserfällen, Gletschern und Berggipfeln, durch Wälder mit uralten Bäumen und über Bergwiesen voller blühender Wildblumen. Dabei kann der Wanderer auf Maultierhirsche, Wapitis, Schwarzbären, Kojoten sowie Luchse und im Hinterland auch auf Pumas treffen.

Comet Falls

Neben den rund 50 Säugetierarten im Park sind annähernd 140 Vogelarten, vom großen Steinadler bis zum winzigen Kolibri, hier heimisch. Zu den Attraktionen des Parks gehören der bis zu 35 Meter tiefe Box Canyon, der 3,2 Kilometer lange Grove of the Patriarchs Trail mit seinen mächtigen Baumriesen, die 50 Meter hohen Narada Falls, der Carbon Glacier sowie verschiedene historische Gebäude wie zum Beispiel der White River Entrance (um 1900), das Paradise Inn (von 1916) und die Yakima Park Stockade Group (1930). Alle drei Komplexe sind im National Register of Historic Places gelistet.

INFO

Lage: im Zentrum von Washington, etwa 90 Kilometer südlich von Seattle

- Mount Rainier National Park: 55210 238th Avenue East, Ashford, WA 98304, Tel. +1 360 569 2211, *morainfo@nps.gov, nps.gov/mora*

Anfahrt: Von Seattle fährt man Richtung Süden auf I-5 bis Abfahrt 127. Dann auf SR-512 bis SR-7. Auf dieser weiter bis Elbe. Von hier aus auf SR-706 durch Ashford zum Parkeingang in Nisqually.

Eintritt: 30 USD je Fahrzeug oder 15 USD je Person für jeweils sieben Tage

Aktivitäten: Wandern, Bergsteigen, Radfahren, Tiere beobachten, Fotografieren, Rangerprogramme, Wintersport

Campingplätze:

- Cougar Rock: 173 Plätze, max. 35 ft., Mai bis Sep, Toiletten, Dump Station
- Ohanapecosh: 188 Plätze, max. 32 ft., Mai bis Sep, Toiletten
- White River: 112 Plätze, max. 27 ft., Jun bis Sep, Toiletten

Stellplätze auf den Campgrounds Cougar Rock und Ohanapecosh können über *recreation.gov* reserviert werden; ft.= Feet, ein Foot sind etwa 30 Zentimeter.

4. Mount St. Helens National Volcanic Monument: Apocalypse now?

Der 18. Mai 1980 zeigte den Menschen wieder einmal, wie klein und verwundbar sie doch sind. An diesem Tag brach der Mount St. Helens, ein Stratovulkan in der amerikanischen Kaskadenkette, aus. Die Detonation war so stark, dass große Teile des nördlichen Gipfels talwärts rutschten – insgesamt drei Kubikkilometer Fels und Schutt.

Ein Tag vor dem Ausbruch

Der Berg „schrumpfte" dadurch von einer Höhe von vorher 2950 Meter auf nur noch 2538 Meter. Ein bis zu 640 Grad Celsius heißes Magma-Gas-Gemisch donnerte mit annähernd 400 Kilometer pro Stunde bergab und vernichtete dabei annähernd die komplette Flora und Fauna. Der mächtige Ausbruch war das tödlichste und zerstörerischste Vulkanereignis in der Geschichte der USA. 57 Menschen kamen zu Tode, 250 Häuser und 47 Brücken stürzten ein, 24 Kilometer Eisenbahnstrecke und 298 Kilometer Highway wurden zerstört. Ein Schock für die gesamte Region. Auch in den folgenden Jahren fanden immer wieder kleinere vulkanische Aktivitäten statt, dann folgten regional begrenzte Erdbeben. Erst in den letzten zehn Jahren wurde es wieder ruhiger.

Nach dem Ausbruch

Es ist erstaunlich, wie in den betroffenen Gebieten Flora und Fauna nach der Katastrophe regenerierten. Für Wissenschaftler des Fachbereichs Störungsökologie war die nachwachsende Vegetation auf den betroffenen Flächen ein einmaliges Anschauungs- und Forschungsprojekt. Offensichtlich hatten unter Schnee- und Eisfeldern verschiedene Tiere und Pflanzen, bzw. deren Samen, den gewaltigen Ausbruch überlebt. Schon bald zeigten sich Ameisen, Taschenratten und Amphibien in dem verwüsteten Gebieten. Zu den ersten nachwachsenden Pflanzen gehörten Lupinen, Weidengebüsche und niedrige Nadelbäume. Wapitis durchwanderten das Gebiet, und ab 1985 siedelten sich wieder Biber an.

1982 ernannte Präsident Ronald Reagan und der Kongress ein rund 450 Quadratkilometer großes Gebiet um den Vulkan zum Mount St. Helens National Volcanic Monument und stellte es damit für Forschungs-, Erholungs- und Bildungszwecke unter staatlichen Schutz. Bereits 1987 gab der US Forest Service den Berg wieder zum Klettern frei. Nach erneutem Ansteigen der vulkanischen Aktivitäten wurde der Mount St. Helens zwischen 2004 und 2006 wieder

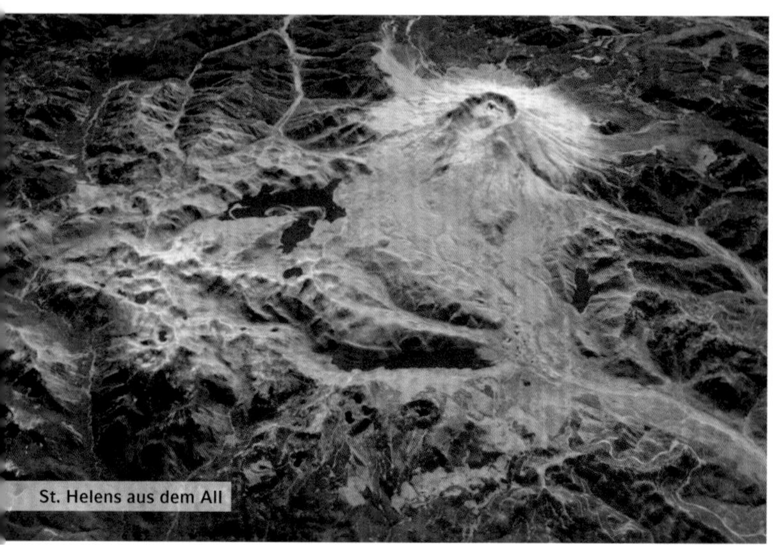

St. Helens aus dem All

gesperrt. Heute ist die Region ein beliebtes Kletterziel für Anfänger und erfahrene Bergsteiger. Der Gipfel kann das ganze Jahr über erklommen werden. Allerdings besteht für Bergsteiger seit 1987 eine Permitpflicht. Alle Personen, die am Mount St. Helens in über 1500 Meter Höhe wandern oder klettern wollen, benötigen eine Klettererlaubnis.

Die Standardroute zum Gipfel ist in den Sommermonaten die Monitor Ridge Route, die am Climbers Bivouac beginnt. Bis zum Kraterrand sind es dann noch etwa 1400 Höhenmeter. Obwohl anstrengend, wird der Aufstieg als „nicht-technisch" eingestuft. Die meisten Kletterer schaffen die Rundtour in sieben bis zwölf Stunden. Die Worm Flows Route gilt als Standard-Winterroute am Mount St. Helens, da sie auf direktem Weg zum Gipfel führt. Diese Route steigt von einer Höhe von ca. 1700 Metern am Ausgangspunkt bis zum Gipfel an, beinhaltet jedoch ebenfalls nicht das technische Klettern, das einige andere Cascade-Gipfel wie zum Beispiel der Mount Rainier erfordern. Der Routenname bezieht sich auf die felsigen Lavaströme, die die Route umgeben.

Trotz allem ist der Mount St. Helens nicht ungefährlich. 2010 verstarb ein Kletterer, nachdem er vom Rand in den Krater stürzte.

INFO

Lage: im Süden des Staates Washington, etwa 80 Kilometer nordöstlich von Portland

- Mount St. Helens National Volcanic Monument: 42218 N.E. Yale Bridge Road, Amboy, WA 98601, Tel. +1 360 449 7800, *fs.usda.gov/giffordpinchot*

Anfahrt: Von Portland im Süden oder Seattle im Norden fährt man über I-5 bis Castle Rock. Von dort aus führt US-504 direkt zum Mount St. Helens National Volcanic Monument

Aktivitäten: Wandern, Bergsteigen, Mountainbiking, Tiere beobachten, Fotografieren

Campingplätze:

- Adams Fork: 21 Pl., max. 22 ft., Mai bis Sep, WC, Wasser
- Big Creek: 27 Pl., max. 40 ft., Mai bis Sep, WC, Wasser
- Iron Creek: 98 Pl., max. 40 ft., Mai bis Sep, WC, Wasser
- La Wis Wis: 100 Pl., max. 40 ft., Mai bis Sep, WC, Wasser
- Takhlakh Lake: 54 Pl., max. 22 ft., Jun bis Sep, WC
- Tower Rock: 22 Pl., max. 22 ft., Mai bis Sep, WC, Wasser
- Walupt Lake: 44 Pl., max. 22 ft., Jun bis Sep, WC, Wasser
- Beaver: 24 Pl., max. 25 ft., Mai bis Sep, WC, Wasser
- Cultus Creek: 51 Stellpl., max. 32 ft., WC, Permit erforderlich
- Lower Falls: 43 Pl., max. 60 ft., Mai bis Sep, WC, Wasser
- Moss Creek: 18 Pl., max. 32 ft., Mai bis Sep, WC, Wasser
- Panther Creek: 33 Pl., max. 25 ft., Mi bis Sep, WC, Wasser
- Paradise Creek: 42 Pl., max. 25 ft., gzj., WC
- Peterson Prairie: 29 Pl., max. 32 ft., Jun bis Sep, WC
- Sunset Falls: 16 Pl., max. 40 ft., Mai bis Sep, WC

Die Stellplätze können über *recreation.gov* oder Tel. +1 877 444 677 reserviert werden.

5. YELLOWSTONE NATIONAL PARK: VORBILD FÜR ALLE

Die Mutter aller Nationalparks? So könnte man es ausdrücken, denn Yellowstone ist der älteste der US National Parks und war damit eine Art Vorbild für alle weiteren. Das unzugängliche Gebiet im Nordwesten von Wyoming wurde erst in der zweiten Hälfte des 19. Jahrhunderts erforscht. Vorher lebten hier, außer den ansässigen Sheepeater Shoshonen, nur einzelne Trapper und Goldsucher.

Liberty Cap

Erst drei aufwendige Expeditionen erschlossen zwischen 1869 und 1871 die Gegend und brachten erstmals belegbare Informationen, Bilder und Fotos in die Zivilisation des Ostens. Damit war die Politik schnell von der Schutzwürdigkeit der einzigartigen Landschaften überzeugt, und bereits am 1. März 1872 unterschrieb US-Präsident Ulysses S. Grant ein Gesetz, welches das Yellowstone-Gebiet unter besonderen Schutz stellte.

Ab 1915 konnte der Yellowstone National Park dann mit Kraftfahrzeugen befahren werden, und schon im folgenden Jahr zählte man 35.800 Besucher. Die Zahl stieg weiter kontinuierlich an bis auf 580.000 Touristen im Jahr 1941. Bedingt durch den Zweiten Weltkrieg ging der Besucherandrang kurzzeitig rapide zurück, um nach Kriegsende wieder anzusteigen. Bereits 1948 überstieg die jährliche Besucherzahl erstmals die Millionengrenze. Der Andrang hat bis heute nicht nachgelassen. Mit über vier Millionen Touristen im Jahr 2015 gehört der Yellowstone mit zu den meistbesuchten Nationalparks der USA. Nachdem die UNESCO dem Yellowstone National Park 1976 den Status eines Internationalen Biosphärenreservates verliehen hatte, bekam er nur zwei Jahre später zusätzlich den prominenten Status „Weltnaturerbe" zuerkannt.

Im historischen Bus Yellowstone entdecken

Das imposante Obsidian Cliff, aus dessen hartem vulkanischem Gestein die Ureinwohner über Tausende Jahre hinweg Pfeilspitzen schnitzten, das Fort Yellowstone, das Norris Geyser Basin Museum, das Fishing Bridge Museum & Visitor Center, die Madison Information Station, das legendäre Old Faithful Inn sowie das im Stil der 1920er-Jahre erbaute Lake Hotel sind im National Register of Historic Landmarks registriert und stehen damit unter besonderem Schutz.

Der Yellowstone National Park bietet seinen Besuchern auf 8987 Quadratkilometern das volle Programm: wandern, reiten, Tiere beobachten, klettern, Mountainbike oder Kajak fahren, angeln oder einfach nur die eindrucksvolle Natur genießen. In den Wintermonaten, wenn die Besucherzahlen geringer sind, kommen Ski laufen und Fahrten mit Hundeschlitten oder Schneemobilen hinzu. Da sollte für jeden etwas dabei sein.

Natur pur. Flüsse und Seen. Riesige Wiesen und schier endlose Wälder. Dazu Erhebungen von begrünten Hügeln bis hin zu hochalpinen Felsgipfeln. Das alles ist Yellowstone. Die Ranger haben den Nationalpark in fünf Zonen aufgeteilt. Das Lake Country im Südosten wird geprägt vom mächtigen Yellowstone Lake und zahlreichen weiteren Gewässern. Im Hinterland, in den bewaldeten Bergen rund um den 354 Quadratkilometer großen Bergsee, finden unter anderem Greifvögel, Elche und Bären ein großflächiges Refugium abseits der Touristenströme.

Bärenmama mit Nachwuchs

Familienleben bei den Bisons

Die meisten Besucher zieht es in den Geyser Country genannten Bereich im südwestlichen Teil des Nationalparks. Die große Anzahl von eindrucksvollen Geysiren und farbenprächtigen heißen Quellen sind wahre Publikumsmagnete. Weniger Touristen besuchen dagegen das eher beschauliche, aber trotzdem sehenswerte Roosevelt Country im Nordosten des Nationalparks. Hier kann man auf den Wiesen rechts und links der Straße grasende Büffel und Hirsche beobachten und im Lamar Valley mit etwas Glück auch Wölfe sehen.

Grand Canyon of the Yellowstone

Morning Glory Pool

Das Highlight des Canyon Country ist der bis zu 400 Metern tiefe Grand Canyon of the Yellowstone mit seinen orange bis rötlich leuchtenden Felsen und den besonders im Frühjahr nach der Schneeschmelze imposanten Wasserfällen Upper und Lower Falls. Das anschließende Hayden Valley ist die Heimat der mächtigen Büffelherden.

Das im Nordwesten des Parks gelegene Mammoth Country bekam seinen Namen nach den hier beheimateten heißen Quellen vulkanischen Ursprungs. Das bis zu 70 Grad Celsius heiße Wasser der Mammoth Hot Springs ist so mineralreich, dass sich rund um die Quellaustritte im Laufe der Jahre pittoreske Sinterterrassen in den verschiedensten Formen und Farben gebildet haben.

Old Faithful

Quer durch den Park verläuft die nordamerikanische Wasserscheide. So fließen der Yellowstone River sowie der Madison River über den Missouri/Mississippi letztendlich in den Atlantik, während der Snake River den Nationalpark im Süden verlässt und in den Pazifischen Ozean mündet.

Berühmt aber ist der Park vor allen Dingen für seine Tierwelt und die Vielfalt der geothermischen Hotspots wie Geysire, Schlammquellen, Fumarolen und heiße Quellen. Der bekannteste Geysir ist sicherlich der Old Faithful, dessen bis zu 50 Meter hohe Eruptionen im Abstand von 45 bis 120 Minuten regelmäßig mehrere Hundert Touristen beiwohnen. Auch seine günstige Lage und seine sprichwörtliche Zuverlässigkeit sind für seine Attraktivität mitverantwortlich. Die Ranger berechnen die Ausbruchszeiten nach einer mathematischen Formel und hängen sie im Visitor Center aus.

Erschlossen wird der Nationalpark über die rund 220 Kilometer lange Grand Loop Road. Über diese Hauptstraße in Form einer großen Acht erreicht man fast alle touristischen Highlights des Parks. Die Höchstgeschwindigkeit beträgt 45 Miles per Hour bzw. 72 Kilometer pro Stunde, wenn keine andere Ausschilderung vorhanden ist.

INFO

Lage: 96 Prozent der Parkfläche liegen im Nordwesten von Wyoming, drei Prozent in Montana und ein weiteres Prozent in Idaho.

- Yellowstone National Park: PO Box 168, Yellowstone National Park, WY 82190, Tel. +1 307 344 7381, *yell_visitor_service@nps.gov, nps.gov/yell*

Anfahrt: von Norden via Gardiner und von Süden via Grand Teton National Park über US-89 sowie US-20 via West Yellowstone im Westen sowie Cody im Osten

Eintritt: 35 USD je Fahrzeug oder 20 USD je Person für jeweils sieben Tage

Aktivitäten: Wandern, Bergsteigen, Radfahren, Tiere beobachten, Fotografieren, Reiten, Fischen, Boot fahren

Campingplätze im Park:

- Fishing Bridge RV Park: 325 Plätze, Mai bis Sep, Full Hookup, RES
- Grand Village: 400 Plätze, Jun bis Sep, RES
- Madison: 250 Plätze, Mai bis Okt, RES
- Canyon: 250 Plätze, Mai bis Sep, RES
- Bridge Bay: 425 Plätze, Jun bis Sep, RES
- Mammoth: gzj., FCFS
- Norris: 100 Plätze, Mai bis Sep
- Tower Fall:, 31 Plätze, Mai bis Sep
- Slough Creek: 28 Plätze, Mai bis Okt
- Pebble Creek: 30 Plätze, Jun bis Sep
- Indian Creek: 75 Plätze, Jun bis Sep
- Lewis Lake: 85 Plätze, Jun bis Okt

RES = Reservierung empfehlenswert unter *yellowstonenationalparklodges.com;* FCFS = „First Come, First Served", keine Reservierungsmöglichkeit

6. Grand Teton National Park: Bilderbuchberge

Auf dem Weg zum Yellowstone nur kurz gestreift, wird der Grand Teton National Park oft unterschätzt. Doch der Park hat viel zu bieten.

Grand Teton Range

Da ist zum einen die schon von Weitem sichtbare, rund 100 Kilometer lange Teton Range, ein Teil der Rocky Mountains. Der an die Alpen erinnernde Gebirgszug bildete sich vor neun bis 13 Millionen Jahren durch plattentektonische Verwerfungen. Markant ist die steile Ost- und die eher sanft ansteigende Westflanke. Die höchsten Erhebungen sind der Grand Teton mit 4198 Metern, der Mount Owen (3940 Meter) und der Buck Mountain (3639 Meter). Die Berge, Täler, Seen und Flüsse beherbergen den Vegetationszonen entsprechend eine artenreiche Vielfalt an Pflanzen und Tieren.

In der alpinen Höhenlage zwingen der Wind und die Kälte, kurze Sommer und strenge Winter die hier lebenden Pflanzen und Tiere sich an die Gegebenheiten anzupassen. In der felsigen Umgebung leben Gelbbauchmurmeltiere, Pikas und Dickhornschafe, die in Felsvorsprüngen und Höhlen Schutz finden. Unterhalb der Baumgrenze bis zum Talboden bieten Wälder vielen Säugetierarten Schutz und Nahrung. Lodgepole-Kiefern dominieren, aber es gedeihen auch Tannen, Espen und Fichten. In den Wäldern sind Wapitis, Maultierhirsche, Marder, Eichhörnchen und auch Schwarzbären zu Hause. Auf dem halbtrockenen, felsigen Talboden wachsen mehr als 100 Arten von Gräsern und Wildblumen. Sehr stark ist hier der Gemeine Beifuß vertreten. Hier leben Pronghorn-Antilopen, Kojoten, Bison, Dachse, Wapitis und Erdhörnchen. Wieder ganz anders sieht es in den Sümpfen und Wiesen rund um die Flüsse, Seen und Teiche aus. Diese Wasserlebensräume erfüllen die Bedürfnisse vieler Arten von Wildtieren. Die abwechslungsreiche und üppige Vegetation bietet den Tieren Nahrung und Deckung. Auch hier kann man Maultierhirsche und Kojoten sowie Flussotter, Biber, Bisamratten und mit viel Glück auch Elche sehen.

Die einzigartige Schönheit der Teton Range, der Tierreichtum und der Wunsch, das alles zu schützen führte 1929 dazu, dass der Grand Teton National Park durch die US-Bundesregierung gegründet wurde. Anfangs war das Schutzgebiet lediglich auf die eigentliche Gebirgskette begrenzt. Erst später konnte, auch dank des Weitblicks und der großzügigen Unterstützung einiger naturverbundener Philanthropen wie zum Beispiel John D. Rockefeller, Jr. weiteres Land hinzugekauft werden. 1950 erreichte der Park dann mit 1254 Quadratkilometern seine heutige Größe.

Der Jenny Lake

Drei Informationszentren im Grand Teton National Park erwarten den Besucher das Colter Bay Visitor Center an der Ostseite des

Jackson Lake, das Jenny Lake Visitor Center am gleichnamigen See sowie das Craig Thomas Discovery and Visitor Center im Süden des Nationalparks. Eine weitere Informationsstelle befindet sich am John D. Rockefeller Jr. Memorial Parkway. Auch das Jackson Hole and Greater Yellowstone Visitor Center am nördlichen Ortsausgang von Jackson hält umfangreiche Informationen für den Reisenden bereit.

Die T.A. Moulton Barn

Informationen sind auch notwendig, um die rund 300 noch existierenden historischen Gebäude im Park ausfindig zu machen. Dazu gehört auch die legendäre T.A. Moulton Barn. Das etwa 1912 erbaute Gebäude mit der imposanten Teton Range im Hintergrund ist laut Flickr die meist fotografierte Scheune in den USA. Weitere geschichtlich wertvolle und sehenswerte Gebäude wie die Chapel of the Transfiguration (1925), die historische Jenny Lake Ranger Station (1925), die renovierte White Grass Dude Ranch (1913) sowie weitere Ranch-Häuser und Cabins verteilen sich über den Park.

Über 300 Kilometer ausgewiesene Wanderwege warten im Grand Teton National Park auf aktive Besucher. Die Angebote reichen von kurzen Wanderwegen in der Ebene – zum Beispiel zu den kristallklaren Seen oder durch die malerischen Flussauen – bis hin zu anspruchsvollen Mehrtagestouren in die zerklüftete Bergwelt der Teton Range. Da sollte für jeden Fitnessstand etwas dabei sein.

Jedes Jahr besuchen Tausende Bergsteiger den Grand Teton National Park. Selbst für alpines Bergsteigen oder Gipfeltouren ist kein

Wandern im Grand Teton National Park

Permit erforderlich. Lediglich für das gegebenenfalls erforderliche Backcountry Camping (Biwak) benötigt man eine Genehmigung. Trotzdem erscheint es sinnvoll, sich vorab mit den Rangern in Verbindung zu setzen, um das Wetter und den Zustand der Wege zu erfragen.

Der 203 Quadratkilometer große Jackson Lake und auch der weitaus kleinere Jenny Lake eignen sich gut für Wassersport. In der Saison können Kanus und Kajaks angemietet werden. Im klaren Wasser der Seen tummeln sich Bachforellen, Saiblingen und Hechte, die auch geangelt werden dürfen. Die erforderliche Fishing Licence kann problemlos vor Ort erworben werden, und das Einhalten der Regeln (Schutzzeiten, Mengenbegrenzungen) ist obligatorisch. In allen Gewässern darf auch gebadet werden. Allerdings ist das Wasser meist sehr „frisch", und es gibt auch keine Rettungsschwimmer. Für den Snake River werden Wildwassertouren in verschiedenen Schwierigkeitsgraden angeboten.

Südlich des Parks ist Jackson der nächst größere Ort und auf alle Belange des Tourismus eingestellt. Der noch im Nationalparkgebiet liegenden Wintersportort Teton Village (auch Jackson Hole genannt) wirkt dagegen in den Sommermonaten nahezu ausgestorben. Dank zahlreicher Lifte und Skipisten konzentriert sich der Tourismus hier auf die Wintersaison.Zwischen dem Nationalpark und der Stadt Jackson ist das National Elk Refuge angesiedelt. In diesem 100 Quadratkilometer großen Schutzgebiet lebt eine der weltweit größten Wapiti-Herden mit einem Bestand von bis

Grasende Wapitis

zu 7500 Tieren. Sie überwintern auf der grasbewachsenen Ebene des Jackson Hole Valley. Hier herrscht ein milderes Klima als im höher gelegenen Yellowstone-Gebiet. Um den Bestand zu sichern, werden die Tiere in harten Wintern im Schutzgebiet zusätzlich gefüttert. Von Jackson aus werden Pferdeschlittenfahrten in das Elk Refuge zu den Wapitis angeboten. Erst mit der Schneeschmelze im fortgeschrittenen Frühling ziehen die Wapitis wieder in die Yellowstone Region, wo sie den Sommer verbringen.

INFO

Lage: im nordöstlichen Wyoming, nördlich der Stadt Jackson und südlich des Yellowstone National Park

- Grand Teton National Park: 103 Headquarters Loop, Moose, WY 83012, Tel. +1 307 729 3399, *nps.gov/grte*

Anfahrt: In Nord-Süd-Richtung verläuft US-191 in etwa parallel zum Nationalpark. Von ihm führen Stichstraßen in den Park hinein. Von Osten kommend stößt US-26 auf Höhe des Jackson Lake auf US-191, von dem aus der Park angefahren werden kann.

Eintritt: 35 USD je Fahrzeug oder 20 USD je Person für jeweils sieben Tage

Aktivitäten: Wandern, Bergsteigen, Radfahren, Tiere beobachten, Fotografieren, Reiten, Fischen, Schwimmen, Boot fahren.

Campingplätze im Park:

- Colter Bay RV Park: 112 Plätze, Mai bis Sep, Full Hookup, RES
- Colter Bay: 346 Plätze, Mai bis Sep, FCFS
- Gros Ventre: 300 Plätze, Mai bis Okt, FCFS
- Headwaters: 175 Plätze, Jun bis Sep, Full Hookup, RES
- Jenny Lake: 49 Plätze, nur Zelte, Mai bis Sep, FCFS
- Lizard Creek: 60 Plätze, max. 30 ft., Jun bis Sep, FCFS
- Signal Mountain: 81 Plätze, max. 30 ft., Mai bis Okt, FCFS

RES = Reservierung empfehlenswert unter *gtlc.com;* FCFS = „First Come, First Served", keine Reservierungsmöglichkeit; ft.= Feet, ein Foot sind etwa 30 Zentimeter.

7. Crater Lake National Park: mehr Blau geht nicht

Der Crater Lake National Park liegt im Süden von Oregon und ist der einzige Nationalpark des Staates. 1902 gegründet, ist er der fünftälteste Nationalpark der USA. Der 741 Quadratkilometer große Park besteht aus dem eigentlichen See, einer Caldera des ehemaligen Vulkans Mount Mazama, sowie den umliegenden Hügeln und Wäldern.

Blauer geht es kaum

Mit einer gemessenen Tiefe von 594 Metern ist der Crater Lake der tiefste See der Vereinigten Staaten. Er hat weder Zu- noch Abflüsse – sein kristallklares Wasser stammt ausschließlich von den Niederschlägen in Form von Regen bzw. Schnee. Der See bildete sich, als etwa 5700 Jahre v. Chr. der Mount Mazama nach einem gewaltigen letzten Vulkanausbruch in sich zusammenstürzte und die heutigen Caldera hinterließ. Es dauerte rund 750 Jahre, bis diese sich mit Regenwasser füllte und den Kratersee mit seinem wunderschönen, tiefblauen Farbton bildete, so wie wir ihn heute kennen. In rund 250 Jahren erneuert sich die Wassermenge komplett.

Wizard Island

Der Rim Drive ist eine 53 Kilometer lange Straße, die am Caldera-Rand rund um den See führt und immer wieder malerische Ausblicke auf den Crater Lake und die Umgebung bietet. Befährt man den Rim Drive vom Rim Village im Uhrzeigersinn, erreicht man zuerst den Discovery Point, wenig später den Watchman Overlook mit einem herrlichen Blick auf das darunterliegende Wizard Island und den gesamten Lake. Fast gegenüber, auf der anderen Seeseite, fährt man über eine 1,6 Kilometer lange Stichstraße zum 2397 Meter hoch gelegenen Cloudcap Overlook. Knapp vier Kilometer weiter, beim nächsten Stopp, dem Pumice Castle Overlook schaut man auf eine außergewöhnliche, farbenprächtige Skulptur. Hier hat die Erosion den orangefarbenen Bimsstein so geformt, dass man mit ein wenig Fantasie die Formen eines Schlosses erkennen kann. Der Phantom Ship Overlook ist weitere 3,9 Kilometer entfernt. Von hier aus blickt man auf eine kleine Insel aus 400.000 Jahre alter Lava, die sich 16 Stockwerke hoch, wie ein Schiff, über der Wasseroberfläche auftürmt. Eine weitere Stichstraße führt zum Pinnacles Overlook, rund zehn Kilometer vom Crater Lake entfernt. Die bis zu 30 Meter hohen, spitz zulaufenden Türme sind ebenfalls vulkanischen Ursprungs. Zurück auf dem Rim Drive sind die Vidae Falls der nächste Haltepunkt. Hier stürzt, besonders spektakulär im Frühjahr, ein Bach über 30 Meter in die Tiefe. Weniger spektakulär, aber trotzdem schön anzuschauen sind die unzähligen bunten Wildblumen, die im Einzugsbereich des Wasserfalls wachsen. Der Rim Drive ist nur im Sommer befahrbar. Bis ins Frühjahr hinein liegt hier der Schnee bis zu sechs Meter hoch.

Am Pinnacles Trail

Von Mitte Juni bis Anfang September werden Bootstouren auf dem Crater Lake angeboten. Die sechs Mal täglich von Rangern geführten Standardtouren dauern rund zwei Stunden und zeigen den Kratersee aus einer anderen, eindrucksvollen Perspektive. Die Wizard Island Tour beinhaltet die Standardtour zuzüglich eines dreistündigen Aufenthaltes, bei dem die Insel auf eigene Faust erkundet werden kann. Wizard Island ist einer der Schlackenkegel, die sich nach dem Zusammenbruch des Mount Mazama auf dem Calderaboden bildeten. Heute ragt die Insel als einziger dieser Kegel bis zu 230 Meter über dem Wasserspiegel des Sees empor. Den höchsten Punkt bildet ein Krater von etwa 150 Meter Durchmesser, der bis zu 30 Meter tief ist. Auf der 1,3 Quadratkilometer großen Insel gibt es zwei Wanderwege, von denen einer die Flanke des Aschekegels hinaufführt und den Kraterrand umrundet, während sich der andere von der Anlegestelle zum westlichen Ende der kleinen Insel schlängelt. Außer Wandern ist auf Wizard Island auch Schwimmen und Fischen erlaubt. Wegen des großen Andrangs sollte die Bootstouren lange im Voraus über *travelcraterlake.com* gebucht werden.

Crater Lake

INFO

Lage: im Süden des Bundesstaates Oregon

- Crater Lake National Park: PO Box 7, Crater Lake, OR 97604, Tel. +1 514 594 3000, *craterlake@nps.gov*, *nps.gov/crla*

Anfahrt: von Süden kommend über SR-62, von Norden über SR-138

Eintritt: vom 22. Mai bis 31. Okt jeweils 25 USD, in den restlichen Monaten 15 USD je Fahrzeug. Die Tickets gelten für sieben Tage.

Aktivitäten: Wandern, Radfahren, Schwimmen, Tiere beobachten, Fotografieren, Boot- und Bustouren, Rangerprogramme

Campingplätze im Park:

- Mazama: 214 Plätze, Jun bis Sep
- Lost Creek: 16 Plätze, nur Zelte, Jul bis Okt

Der Mazama Campground kann über *travelcraterlake.com* reserviert werden.

8. Redwood National Park: im Land der Riesen

Mit einer Höhe von bis zu 110 Metern und einem Stammdurchmesser von bis zu sieben Metern zählen die Coast Redwoods oder Küstenmammutbäume (Sequoia sempervirens) zu den höchsten Bäumen der Welt. Wissenschaftler fanden heraus, dass sie einer Koniferenart entstammen, die zur Zeit der Dinosaurier vor etwa 145 Millionen Jahren in der nördlichen Hemisphäre heimisch war.

Gigantische Küstenmammutbäume

Seitdem hat sich einiges geändert. Die Erdoberfläche formte sich neu. Es bildeten sich neue Berge und Ebenen, und das Klima wandelte sich mehrfach. Dadurch begrenzte sich die Ausbreitung der Küstenmammutbäume auf bestimmte geografische Gebiete. Heute wachsen die Coast Redwoods nur noch im Gebiet der kalifornischen Nordküste, wo ein gemäßigtes Klima vorherrscht und ganzjähriger Regen bzw. Nebel ideale Lebensbedingungen schaffen.

Als man etwa um 1850 mit der kommerziellen Abholzung der Bäume begann, standen hier noch etwa 800.000 Hektar der ursprünglichen

Küstenmammutbaum-Wälder. Heute existieren nur noch fünf Prozent der Bäume. Dabei haben diese, abgesehen vom Menschen, kaum natürliche Feinde. So verhindern natürliche Gerbstoffe die Ausbreitung von Pilzen und Insekten an der Oberfläche und im Inneren der Bäume. Die bis zu 30 Zentimeter dicke Rinde ist frei von brennbaren Harzen, sodass die Mammutbäume auch größere Waldbrände überstehen können. Ohne menschliche Einflüsse können die immergrünen Nadelbäume bis zu 2000 Jahre alt werden.

Eule in den Redwoods

Um die noch vorhandenen Redwood-Haine zu schützen, wurden bereits in den 1920er-Jahren vom kalifornischen Staat der Prairie Creek Redwoods State Park, der Del Norte Coast Redwoods State Park und der Jedediah Smith Redwoods State Park gegründet. 1968 kam der Redwood National Park dazu. Die vier Schutzgebiete werden seit 1994 als Redwood National and State Parks (RNSP) gemeinsam vom NPS und vom kalifornischen Ministerium für Parks und Erholung (CDPR) bewirtschaftet und verwaltet. Damit werden nicht nur die Küstenmammutbäume, sondern auch wilde Flüsse, riesige Prärien, Eichenwälder und fast 60 Kilometer unbebauter Küste geschützt.

Touristisch sind die Parks gut erschlossen. Neben zahlreichen Wanderwegen durch die Wälder oder an der Küste entlang wurden auch für den Autoreisenden vier sehenswerte Routen eingerichtet:

- **Coastal Drive Road:** 15 Kilometer, meist unbefestigt, daher für Wohnmobile verboten. Die schmale Straße mit scharfen Kurven bietet sagenhafte Panoramablicke auf den Pazifischen Ozean und die Mündung des Klamath River. Wale, Seelöwen und Pelikane können beobachtet werden.

- **Bald Hills Road:** 27 Kilometer, überwiegend unbefestigt. Die teils steile Straße führt durch die ursprünglichen Redwood-Wälder und durch offene Prärien mit prächtigen Frühlingsblumen. Mit ein wenig Glück sieht man Roosevelt-Hirsche oder Schwarzbären.

- **Howland Hill Road:** 16 Kilometer, überwiegend unbefestigt. Von Crescent City führt der Weg durch die Wälder des Jedediah Smith Redwood State Park. Wanderwege zum Boy Scout Tree und zur Stout Grove.

- **Newton B. Drury Scenic Parkway:** 16 Kilometer. Der Prairie Creek Redwoods State Park mit seinen Küstenmammutbaum-Wäldern und zahlreichen Aussichtspunkten ist das Ziel.

Auch gestürzt noch beeindruckend

Boote auf dem Smith River

INFO

Lage: im Norden Kaliforniens teilweise direkt an der Pazifikküste unmittelbar an der Grenze zu Oregon

- Redwood National Park: 1111 Second Street, Crescent City, CA 95531, Tel. +1 707 464 6101, *nps.gov/redw*

Anfahrt: Der Nationalpark und die angeschlossenen State Parks sind über US-101 gut zu erreichen.

Eintritt: freier Zugang

Aktivitäten: Wandern durch die Wälder oder an der Küste, Radfahren, Tiere beobachten, Fotografieren, Autotouren

Campingplätze im Park:

- Jedediah Smith: im gleichnamigen State Park zehn Meilen östlich von Crescent City, 86 Plätze, max. 36 ft., Toiletten, Duschen, Dump Station
- Mill Creek: Del Nortel State Park, sieben Meilen südlich von Crescent City, 145 Plätze, max. 31 ft., 18. Mai bis 30. Sep, Toiletten, Duschen, Dump Station
- Elke Prairie: im Prairie Creek State Park, sechs Meilen nördlich der Ortschaft Orick, 75 Plätze, max. 27 ft., Toiletten, Duschen, Dump Station
- Gold Bluffs Beach: Prairie Creek State Park, zehn Meilen nördlich der Ortschaft Orick, 26 Plätze, max. 24 ft., Solar-Duschen und Toiletten

Alle vorgenannten Stellplätze verfügen über Picknicktische sowie Feuerstellen und können über *reservecalifornia.com* oder Tel. 800-444-7275 (von 8 bis 16 Uhr) reserviert werden; ft.= Feet, ein Foot sind etwa 30 Zentimeter.

9. Lassen Volcanic National Park: der grosse Knall

Im Frühsommer 1914 rumorte es immer wieder auf dem 3189 Meter hohen Lassen Peak, einem scheinbar ruhenden Vulkan der nordamerikanischen Kaskadenkette. Also machten sich am 14. Juni 1914 drei Männer auf den Weg, um nachzuschauen, was auf dem Berg los ist. Sie waren noch nicht ganz oben angekommen, da spürten sie den Boden unter sich erzittern. Sie beschlossen umzukehren, und als sie den Hang hinunterliefen, brach der Vulkan hinter ihnen aus. Asche regnete auf die Männer und Steine flogen ihnen um die Ohren. Aber sie überlebten. So plötzlich wie dieser Ausbruch begonnen hatte, so plötzlich endete er auch.

Im folgenden Jahr gab es noch weitere rund 150 Eruptionen, bei denen der Lassen Peak Dampf und Asche ausspuckte. Im Mai 1915 dann explodierte der Krater regelrecht. Lava, Aschewolken und Gase traten aus. Eine mehr als 15 Meter hohe Lawine aus Schlamm, Asche und geschmolzenem Schnee brauste über die westliche Flanke talwärts und riss Bäume sowie alles was im Weg stand, mit sich. Die Spur der Verwüstung war 1,5 Kilometer breit und fünf Kilometer lang. Noch heute wachsen in diesem Bereich kaum Bäume, da der Boden nährstoffarm und sehr porös ist.

Lake Helen vor dem Lassen Peak

Wegen der vulkanischen Aktivität, die noch bis 1917 andauerte, und der einzigartigen Natur in der Region wurden Lassen Peak, Cinder Cone und die Umgebung am 9. August 1916 zum Nationalpark erklärt. Er erstreckt sich über eine Fläche von 431 Quadratkilometer, von der ein großer Teil mit Nadelwäldern bewachsen ist. Auch heute noch brodelt es unter der Erde, ähnlich wie im Yellowstone National Park. Zu den geothermischen Gebieten im Lassen Volcanic National Park gehören mehrere Gruppen von heißen Quellen und Fumarolen als sichtbare Überreste früherer vulkanischer Aktivitäten. Die meisten davon liegen in oder in der Nähe der Caldera des Mount Tehama. Bumpass Hell ist die spektakulärste und bekannteste geothermische Attraktion. Aber auch andere wie zum Beispiel Sulphur Works, Little Hot Springs Valley, Boiling Springs Lake und Devil's Kitchen sind auf jeden Fall einen Besuch wert. Die höchste Wassertemperatur liegt im Allgemeinen nahe der Siedetemperatur entsprechend der Höhe über dem Meeresspiegel der jeweiligen Quelle oder Fumarole. Bei Bumbass Hell sind dies 92 Grad Celsius und 88 Grad Celsius an den Nordwest-Flanken des Lassen Peak.

Sulphur Work Area

Das Gebiet des Nationalparks gehört zum nördlichen Ausläufer des Sierra Nevada Forest. Hier hat eine Landschaft überlebt, wie sie vor der europäisch/amerikanischen Besiedlung existierte. Fast alle wichtigen Waldtypen sind hier vorhanden. In Höhenlagen unter 2000 Metern ist der gemischte Nadelwald die dominierende Vegetationsgemeinschaft. Hier wachsen Jeffrey Pines sowie Sugar Pine und Grautanne (White Fir). Oberhalb des Mischnadelwaldes breitet sich der Rottannenwald aus. Zwischen 2000 und 2500 Meter Höhe ist die Fauna schon weniger vielfältig. Man findet hier in erster Linie die Rottanne, die Western White Pine und die Lodgepole Pine. Im subalpinen Gebiet bis zur Baumgrenze ist die Gesamtzahl der Pflanzen noch geringer. Freiliegende Stellen in Verbindung mit dem extremen Klima sorgen für eine raue Umgebung. Rock Spirea, Lupinen und Indian Paintbrush sind die robusten Pflanzen, die hier wachsen. Die überwiegenden Baumarten in diesem Bereich sind die Whitebark Pine und Mountain Hemlock.

Der Lassen Volcanic National Park bietet für 57 Arten von Säugetieren, darunter Schwarzbären, Berglöwen, Maultierhirsche, Pikas und der Sierra-Nevada-Rotfuchs eine Heimat. Am ehesten jedoch wird der Besucher possierliche Chipmunks und Squirrels zu Gesicht bekommen. Außerdem leben im Park 150 Arten von Vögeln, zwölf Arten von Reptilien und Amphibien sowie zahlreiche Insekten.

Ausblick vom Brokeoff Mountain

Fast 250 Kilometer Wanderwege laden den Wanderer ein, das Lassen-Hinterland zu erkunden, sei es auf einem kurzen Spaziergang oder während einer mehrtägigen Wanderung. Die Wege sind gut beschildert, und es ist einfach ihnen zu folgen. Achtsam sein und möglichst auf den markierten Wegen bleiben sollte man in der Nähe heißer Quellen bzw. Seen. Die Erdkruste ist an manchen Stellen äußerst dünn, und das Wasser bzw. der Schlamm sind oft kochend heiß – dies bedeutet Lebensgefahr! Für das Übernachten unter freiem Himmel im Hinterland ist eine Erlaubnis (Wilderness Permit) erforderlich, die im Kohm Yah-mah-nee Visitor Center und im Loomis Museum erhältlich ist.

Viele der rund 50 Seen im Nationalpark bieten sich zum Paddeln an. Im Manzanita Lake Camper Store können Kajaks, Kanus und Stand-Up-Paddle-Boards ausgeliehen werden.

Auch das Angeln ist im Lassen Volcanic National Park erlaubt. Der Manzanita Lake ist berühmt für seine großen Regenbogen- und Bachforellenbestände. Voraussetzung ist jedoch ein kalifornischer Angelschein und das Einhalten der Parkregeln.

INFO

Lage: im Norden Kaliforniens, etwa 75 Kilometer östlich der Stadt Redding

- Lassen Volcanic National Park: PO Box 100, Mineral, CA 96063, Tel.+1 530 595 4480, *nps.gov/lavo*

Anfahrt: von Norden kommend über I-5 bis Redding. Vor dort auf dem SR-44 über Singletown bis zum Manzanita Lake. Aus Richtung Süden fährt man in Red Bluff vom I-5 auf den SR-36 bis Mineral. Dort auf SR-89 bis zum südwestlichen Parkeingang.

Eintritt: jeweils 30 USD pro Fahrzeug, im Winter (1. Dez bis 15. Apr) 10 USD. Für Individualreisende (Wanderer, Radfahrer) 15 USD. Die Tickets gelten für sieben Tage.

Aktivitäten: Wandern, Schwimmen, Tiere beobachten, Fotografieren, Fischen, Reiten, Bootfahren, Rangerprogramme und Wintersport

Campingplätze im Park:

- Butte Lake: 101 Plätze, Jun bis Okt, Toiletten
- Manzanita Lake: 179 Plätze, Mai bis Okt, Toiletten, Duschen, Dump Station
- Summit Lake North: 46 Plätze, Jul bis Sep, Toiletten
- Summit Lake South: 48 Plätze, Jul bis Sep, Toiletten
- Warner Valley: 18 Plätze, Mai bis Okt, Toiletten

Alle Stellplätze verfügen über Picknicktische und Feuerstellen. Die Stellplätze können über *recreation.gov* oder Tel. +1 877 444 677 reserviert werden.

10. Great Basin National Park: Einsamkeit pur

Eine herrliche Gebirgslandschaft, uralte, pittoreske Bäume und eine sehenswerte Höhle: Das alles und noch viel mehr bietet der Great Basin National Park. Warum er nur so wenige Besucher hat, liegt an seiner abgeschiedenen Lage, irgendwo in „the Middle of Nowhere“.

Wheeler Peak

Einsame Bergwelt

Genauer gesagt liegt der Park im Osten Nevadas an der Grenze zu Utah, knapp 480 Kilometer von Las Vegas entfernt. Die nächste Ortschaft ist Baker mit gerade mal 68 Einwohnern, einem Campingplatz, einem Postamt, zwei Restaurants und einigen Motels. Ely mit 4000 Einwohnern wäre dann die nächstgelegene Stadt mit den üblichen Einkaufs- und Versorgungsmöglichkeiten und ist aber schon 110 Kilometer entfernt.

Gegründet wurde der 315 Quadratkilometer große Park 1986. Seinen Namen erhielt er nach dem großen, trockenen Great Basin Tal zwischen der Sierra Nevada und dem Wasatch-Gebirge. Mit nur ca. 150.000 Besuchern jährlich ist der sehenswerte Park sicherlich nicht überlaufen. Wer Ruhe und Einsamkeit sucht, ist hier absolut richtig.

Die Vielfalt der Lebensräume im Great Basin National Park führt ebenfalls zu einer Vielzahl von Tierarten. In der Beifußsteppe bis

Bristlecone-Kiefer

in die alpinen Gebiete, in den Höhlen und in den Bächen leben die unterschiedlichsten Tiere. Darunter das Gelbbauchmurmeltier, der Biber , die winzige Salbeiwühlmaus, die Ringtail-Katze, Stachelschweine, Dickhornschafe, Zwergkaninchen und andere. Im gesamten Gebiet des Great Basin National Park kommen nur insektenfressende Fledermäuse vor. Zehn verschiedene Arten wurden registriert, darunter die nur sechs bis 19 Gramm schwere Townsend-Langohr-Fledermaus.

Schon die Fahrt auf dem 20 Kilometer langen Wheeler Peak Scenic Drive zeigt die enorme Vielseitigkeit des Great Basin National Park. Vom Startpunkt in der Ortschaft Baker führt die asphaltierte und gut ausgebaute Straße bis auf gut 3000 Meter. Dabei überwindet sie einen Höhenunterschied von über 1200 Meter und durchquert verschiedene ökologische Zonen. Verschiedene asphaltierte Haltepunkte gewähren faszinierende Ausblicke auf die Berge oder auch in die schier endlose Ebene. Schon beim Lehman Caves Visitor Center hat der Wheeler Peak Scenic Drive eine Höhe von 2100 Metern erreicht. In dieser Ökoregion dominiert der Sagebrush (Wüstenbeifuß). Diese Pflanze ist der Grund, warum nach den seltenen Sommerregen ein starker Salbeiduft die Luft erfüllt.

Es ist nicht ungewöhnlich Maultierhirsche, Murmeltiere, Kojoten und Hasen im Bereich der Straße zu beobachten. Ab einer Höhe von etwa 2400 Metern machen sich rechts und links der Straße drastische Veränderungen bemerkbar. Die niedrigen Sträucher werden durch immer höhere Büsche ersetzt. Die Straße durchquert hier eine Zone mit unberührten Pinyon-Kiefer- und Juniper-Wälder. Diese Mischung kommt in Nordamerika oft vor. Juniper ist übrigens im deutschsprachigen Raum als Wacholder bekannt. Noch weiter aufwärts, ab einer Höhe von etwa 2600 Metern, trifft man auf Curl-Leaf Mountain Mahogany. Die bis zu zehn Meter hoch wachsenden Sträucher verfügen über ein ungewöhnlich hartes Holz in einem mahagoniähnlichen Farbton. Große Bestände des Berg-Mahagoni wurden schon gefällt. Die stabilen Stämme sind im Bergbau der Region zum Einsatz gekommen. Weiter führt der Wheeler Peak Senic Drive durch subalpine Wälder bestehend aus Nadelbäumen wie Weißtannen, Douglasien und Ponderosa-Kiefern und endet am Wheeler Peak Campground auf 3013 Meter Höhe umgeben von Espenhainen. Der Parkplatz ist gleichzeitig Trailhead für verschiedene Wanderungen, zum Beispiel dem Sky Islands Forest Trail (800 Meter), dem 4,4 Kilometer langen Alpine Lakes Loop Trail, dem 4,6 Kilometer langen Bristlecone Trail und dem Bristlecone and Glacier Trail (7,4 Kilometer).

Die hier wachsenden Bristlecone-Kiefern zeichnen sich durch ihr hohes Alter und ihre Fähigkeit aus, ungünstige Wachstumsbedingungen zu überstehen. Bristlecone-Kiefern wachsen im Great Basin National Park in isolierten Wäldern direkt unter der Baumgrenze. Die Bedingungen sind hart, mit kalten Temperaturen, einer kurzen Vegetationsperiode und starken Winden. Borstenkiefern wachsen in dieser hoch gelegenen Region sehr langsam und fügen in manchen Jahren nicht einmal einen Wachstumsring hinzu. Dieses langsame Wachstum macht ihr Holz sehr dicht und widerstandsfähig gegen Insekten, Pilze, Fäulnis und Erosion. Bristlecone-Kiefern gelten als die ältesten bekannten Bäume.

Eine der ältesten Bristelcone-Kiefern im Nationalpark wurde 1964 aus bis heute nicht nachvollziehbaren Gründen gefällt. Über das Ende des legendären Baumes, der von den Einheimischen

„Prometheus" genannt wurde, existieren verschieden Versionen. Welche nun wahr ist, lässt sich heute nicht mehr restlos klären. Fakt ist nur, dass man im Nachhinein am Stamm von Prometheus 4862 Jahresringe zählen konnte und daher sein Alter auf gut 4900 Jahre geschätzt wurde. Erst 2012 fand man in der gleichen Gegend eine Bristlecone-Kiefer die noch älter war – sagenhafte 5065 Jahre. Es bestehen gute Chancen, dass es im Gebiet des Nationalparks noch ältere Bäume gibt.

Weitere Attraktion finden sich in den Lehman Caves. Der in der Gegend ansässige Rancher Absalom Lehman, der zuvor in Kalifornien und Australien nach Gold gesucht hatte, entdeckte die Tropfsteinhöhlen um 1885. Seit 1922 sind die Höhlen als Nationaldenkmal geschützt und 1986 wurden sie in den neugegründeten Nationalpark integriert. Aber auch in diesen dunklen Höhlen gibt es Leben. Neben unzähligen Bakterien fühlen sich Grillen, Spinnen, Pseudoskorpione und Springschwänze in der Dunkelheit wohl. Andere Tiere nutzen die große Höhle lediglich zur Nahrungssuche. Dazu gehören Streifenhörnchen, Mäuse und verschiedene Arten von Fledermäusen. Im Lehman Caves Visitors Center ist unter

In den Lehman Caves

anderem die Forgotten Winchester ausgestellt. Dabei handelt es sich um ein Gewehr aus dem Jahr 1882, das 2014 im Nationalpark, angelehnt an einen Wacholderbaum gefunden wurde. Mysteriös!

Heute darf die Lehman Cave nur im Rahmen einer Führung betreten werden. Park Ranger leiten die Touren und erklären die Geschichte, Ökologie und Geologie des Höhlensystems. Es werden zwei verschiedene Führungen durch die Lehman-Höhlen angeboten – die Lodge Room Tour (ca. 60 Minuten) und die Grand Palace Tour (ca. 90 Minuten). Reservierung ist erforderlich.

INFO

Lage: an der Grenze zwischen Nevada und Utah am Highway 50

- Great Basin National Park: 100 Great Basin National Park, Baker, NV 89311, Tel. +1 775 234 7331, *nps.gov/grba*

Anfahrt: von Norden kommend über US-93 und ab Ely in östlicher Richtung weiter auf dem US-50 bis Baker. Aus dem Süden bleibt ab Las Vegas auf US-93 bis Majors Place, biegt dort ab auf US-50 bis Baker.

Eintritt: freier Parkzugang. Lehman Caves 9 bis 11 USD (spätestens am Vortag unter recreation.gov reservieren!)

Aktivitäten: Wandern, Mountainbike, Bergsteigen, Tiere beobachten, Fotografieren, Rangerprogramme wie Stargazing

Campingplätze im Park:

- Lower Lehman Creek: 11 Plätze, gzj.
- Upper Lehmann Creek: 24 Plätze, Apr bis Okt
- Wheeler Peak: 37 Plätze, Jun bis Okt, steile und kurvige Zufahrt, nur für Fahrzeuge unter 24 ft. Länge geeignet
- Baker Creek: 38 Plätze, Mai bis Okt, Zufahrt über Gravel Road
- Grey Cliffs: 16 Plätze, Ende Mai bis Ende Sep

Stellplätze auf dem Grey Cliffs Campground können über *recreation.gov* reserviert werden, alle anderen Stellplätze werden nach dem„First Come, First Served"-Prinzip vergeben; ft.= Feet, ein Foot sind etwa 30 Zentimeter.

11. CATHEDRAL GORGE STATE PARK: EINEN BESUCH WERT

Die weichen Sandsteinformationen des über sieben Quadratkilometer großen Cathedral Gorge State Park entstanden aus den Sedimenten eines Süßwassersees, der sich vor drei bis fünf Millionen Jahren hier ausbreitete.

Im Laufe der Jahre schuf die Erosion kathedralenartige Formationen, enge Schluchten und höhlenartige schmale Gänge aus den Ablagerungen des Gewässers. Die verschiedenen Sedimentschichten ergeben in Verbindung mit dem Spiel aus Licht und Schatten interessante Fotomotive. In den Tunneln und Gängen des Canyons ist es in den Sommermonaten herrlich kühl. Ein Faltblatt informiert über die Wanderwege im Park von 0,3 bis 6,8 Kilometer Länge.

Kleine Säugetiere machen einen Großteil der Tierwelt des State Parks aus. So kann man am frühen Morgen oder in der Abenddämmerung Hasen, Kaninchen, Stinktiere, Kojoten, Füchse und Mäuse bei der Nahrungssuche beobachten. Auch Vögel wie Turmfalken, Roadrunner und Kolibris sind zu sehen.

Fragiler Sandstein im Cathedral Gorge

In den Cathedral Caves

INFO

Lage: im südöstlichen Teil Nevadas

- Cathedral Gorge State Park: P.O. Box 176, Panaca, NV 89042, Tel. +1 775 728 8101, *cgsp@parks.nv.gov*, *parks.nv.gov/parks/cathedral-gorge*

Anfahrt: liegt unmittelbar an US-93 (Great Basin Highway), zwei Kilometer nördlich von Panaca

Eintritt: 5 USD

Aktivitäten: Wandern, Tiere beobachten und Fotografieren

Campingplätze im Park:

- Campground mit 22 Stellplätzen, Wasser- und Elektroanschlüssen, Duschen und Toiletten sowie einer Dump Station

PENSKE

Kalifornien: The Sunshine State

Golden Gate Bridge in San Francisco

Kalifornien: The Sunshine State

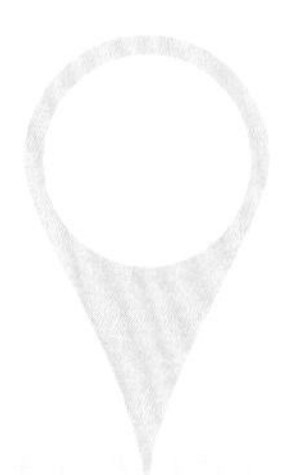

12. Lake Tahoe Area: Ganzjahres-Destination
13. California State Route 1: am Pazifik entlang
14. Yosemite National Park: geliebt und überlaufen
15. Tioga Road: hoch hinaus
16. Half Dome: die Herausforderung
17. Mono Lake: extrem salzhaltig
18. Bodie: echt alt
19. Sequoia National Park: Wälder und Wandern
20. Kings Canyon National Park: Wildnis
21. Pinnacles National Park: Born of Fire
22. Channel Islands National Park: abseits vom Festland

Weed
Alturas
Eureka
KALIFORNIEN
Fortuna
Redding
Susanville
Red Bluff
13
Chico
12
Reno
Ukiah
Yuba City
Clearlake
NEVADA
Santa Rosa
Sacramento
South Lake Tahoe
Vacaville
Petaluma
San Francisco
Antioch
Stockton
Modesto
Fremont
San Jose
Merced
Watsonville
21
Fresno
20
19
Soledad
Visalia
Coalinga
Avenal
Porterville
Pazifischer Ozean
Paso Robles
Delano
Ridgecrest
San Luis Obispo
Bakersfield
Santa Maria
Lancaster
Lompoc
Santa Barbara
Santa Clarita
Victorville
22
Oxnard
Los Angeles
Riverside
Thousand Oaks
Long Beach
13
Santa Ana
Oceanside
Escondido
Sonora Junction
Fletcher
18
Pinecrest
Bridgeport
17
15
Yosemite National Park
Mono Lake
15
14
16
Lee Vining
June Lake
Yosemite West
Mammoth Lakes
Mariposa

12. LAKE TAHOE AREA: GANZJAHRES-DESTINATION

Lake Tahoe ist eine wichtige Touristenattraktion für Nevada und Kalifornien. Der ungefähr 35 Kilometer lange und 19 Kilometer breite See hat eine Küstenlinie von rund 116 Kilometern und eine Oberfläche von 490 Quadratkilometern. Ungefähr zwei Drittel der Küste befinden sich in Kalifornien. Das Südufer wird dominiert von der größten Stadt des Sees, South Lake Tahoe (Kalifornien), die an die Stadt Stateline (Nevada), angrenzt, während Tahoe City (Kalifornien), am Nordwestufer des Sees liegt

Wassersport am Lake Tahoe

Ein Großteil der Umgebung von Lake Tahoe ist der Tourismusbranche gewidmet. Viele Restaurants, Skipisten, Golfplätze und Casinos warten auf Besucher. Während der Skisaison strömen Tausende Menschen aus ganz Nevada und Kalifornien zum Skifahren auf die Pisten. Die meisten Skigebiete in der Region Lake

Tahoe befinden sich am nördlichen Ende des Sees in der Nähe von Truckee und Reno. Squaw Valley ist ein Skiparadies. Nicht umsonst wurden hier die olympischen Winterspiele 1960 ausgetragen. In vielen Skigebieten rund um den See wird auch Snowtubing angeboten. Auch Ski-Langlauf, Schneemobilfahren und Schneeschuhwandern sind sehr beliebt.

Im späten Frühling bis zum frühen Herbst ist der See ein Eldorado für Wassersport. Zahlreiche Segel- und Motorboote tummeln sich auf der Wasseroberfläche. Beliebte Aktivitäten sind Parasailing und Jetski-Fahren. Populär sind auch Kajaks und Stand-Up-Paddle-Boards. Mietstationen findet man rund um den Lake Tahoe. Auch für Taucher ist der See ein lohnendes Ziel. Einige Tauchplätze bieten dramatische Drop-offs oder Wandtauchgänge an. Wegen der Höhenlage des Gewässers gibt es jedoch ein erhöhtes Risiko der Dekompressionskrankheit (DCS) beim Tauchen.

Emerald Bay

Im Einzugsgebiet des Sees liegen mehrere State Parks: Im Nordosten der Lake Tahoe Nevada State Park, im Südwesten der Emerald Bay State Park und der D. L. Bliss State Park sowie im Westen der Sugar Pine Point State Park. Rund um den See gibt es zahlreiche Wander- und Mountainbike-Strecken. Sie variieren in Länge, Schwierigkeit und Beliebtheit. Einer der bekanntesten

Wege in Tahoe ist der Tahoe Rim Trail, ein 270 Kilometer langer Weg, der den See umrundet. Direkt westlich des Sees befindet sich die Granite Chief Wilderness, die großartige Möglichkeiten zum Wandern und Zelten in der Wildnis bietet. Im Südwesten liegt die sehr beliebte Desolation Wilderness.

Ein echtes Highlight und das meistfotografierte Objekt am Lake Tahoe ist die tiefblaue Emerald Bay mit Fannette Island, der einzigen Insel im See, und Vickingsholm, einem 1928 im skandinavischen Stil erbauten Herrenhaus.

Herrenhaus Vickingsholm

Lake Tahoe

INFO

Lage: zwischen Kalifornien und Nevada, etwa 15 Kilometer westlich von Carson City

- South Lake Tahoe Visitor Center: 4114 Lake Tahoe Blvd, South Lake Tahoe, CA 96150, Tel. +1 530 542 4637, *info@ltva.org, tahoesouth.com*
- North Lake Tahoe Visitor Center: 100 North Lake Blvd, Tahoe City, CA 96145, Tel. +1 530 581 6900, *gotahoenorth.com*

Anfahrt: von Sacramento über I-80 bis Truckee und dort Richtung Norden zum See. Von Süden führt US-395 durch fast ganz Nevada bis Carson City. Von dort über US-50 zum See.

Aktivitäten: Wandern, Radfahren, Wassersport, Tiere beobachten, Fotografieren, Fischen, Boot- und Bustouren, Wintersport

Campingplätze im Park: zahlreiche Campgrounds, zum Beispiel in den verschiedenen State Parks, aber auch kommerzielle mit Strandzugang

13. California State Route 1: am Pazifik entlang

Auf einer Gesamtlänge von 1056 Kilometern verläuft SR-1 weitestgehend entlang der Pazifikküste und ist damit die längste Straße Kaliforniens. Sie wird in mehrere Abschnitte unterteilt, die als Pacific Coast Highway (PCH), Cabrillo Highway, Shoreline Highway oder Coast Highway bezeichnet werden. Der nördliche Endpunkt liegt bei Leggett, dort wo SR-1 auf US-101 stößt. In der anderen Richtung endet die Straße südlich von Los Angeles bei Dana Point und führt in I-5.

Pacific Highway

Old Schoolhouse Bodega

Oft wird empfohlen, die SR-1 von Norden nach Süden zu fahren. Schon wenige Kilometer nach dem Start durchquert die Straße die sehenswerte Kleinstadt Fort Bragg und das aus einem deutschen Schlageraus den Sechzigern bekannte Örtchen Mendocino. Nach weiteren 150 Kilometern entlang der rauen kalifornischen Küste, vorbei am Sonoma Coast State Park mit seinen herrlichen Sandstränden und Felsküsten, erreicht die SR-1 Bodega Bay bzw. Bodega. Alfred Hitchcock wählte den Ort 1963 für die Dreharbeiten zu seinem Filmklassiker „Die Vögel" aus. Das Schulhaus aus dem Film ist heute in Privatbesitz und kann daher nur von außen besichtigt werden.

Die nächsten Highlights für Naturfreunde sind das Point Reyes National Seashore und der Samuel P. Tayler State Park quasi am Wegesrand. Und schon folgt die atemberaubende Fahrt über die Golden Gate Bridge hinein in das quirlige Stadtleben der Metropole San Francisco. Die SR-1 verläuft hier quer durch den historischen Militärstützpunkt Presidio und den Golden Gate Park mit seinen kulturellen Einrichtungen.

Die nächste Stadt ist Monterey mit dem mondänen Carmel by the Sea. Hier beginnt mit dem Küstenabschnitt Big Sur der klassische Teil des kalifornischen Pacific Coast Highway. An der schroffen

Küste der Point Lobos State Natural Reserve bietet sich die Möglichkeit possierliche Seeotter zu beobachten. Einen Zwischenstopp wert ist auch die 1932 im Art-déco-Stil erbaute 218 Meter lange Bixby Creek Bridge. Der Julia Pfeiffer Burns State Park und der Pfeiffer Big Sur State Park sind bekannt für ihre einmaligen Strände. Auch das Hearst Castle etwas außerhalb von San Simeon ist einen Besuch wert. Ab den 1920er-Jahren baute der Zeitungsverleger William Randolph Hearst das schlossartige Anwesen mit 165 Zimmern, eigenem Kino und Zoo in den Santa Lucia Mountains. Der Baustil orientierte sich an verschiedenen europäischen Epochen. So erinnern einige Gebäude an römische Architektur, andere an die spanische Renaissance. Möbliert wurde das Ganze mit wertvollen Antiquitäten aus ganz Europa.

Überraschend ist dann das Städtchen Solvang, etwa zehn Kilometer landeinwärts gelegen. Hier sind nicht nur die Häuser im dänischen Fachwerkstil gebaut, auch die Restaurants und Geschäfte bieten dänische Produkte an.

Bixby Creek Bridge

Wilde Küste

Kunstinteressierten sei der Besuch der kurz vor Santa Monica liegenden Getty Villa empfohlen. Über 44.000 Objekte werden in der Villa des Ölmagnaten gezeigt. Der Eintritt ist frei, die Tickets müssen aber vorbestellt werden (*getty.edu/museum*).

Santa Barbara und die Los Angeles Ortsteile Malibu, Santa Monica sowie Long Beach sind Touristenorte. Es folgt noch der Crystal Cove State Park mit kilometerlangen Sandstränden und dann endet der Pacific Coast Highway.

INFO

Lage: Die California State Route 1 verläuft über 1056 Kilometer weitestgehend parallel zur Küstenlinie des Bundesstaates Kalifornien.

Weitere Infos: *cahighways.org*

Straßenzustandsbericht: *roads.dot.ca.gov*

14. Yosemite National Park: geliebt und überlaufen

Der Yosemite National Park ist einer der beliebtesten US-amerikanischen Nationalparks. Jahr für Jahr besuchen bis zu fünf Millionen Touristen den 3081 Quadratkilometer großen Park.

Yosemite Falls

Da der weitaus größte Teil der Besucher nur das in Relation zur Parkfläche relativ kleine, rund 13 Kilometer lange Yosemite Valley aufsucht, ist das Tal oftmals überlaufen. Speziell in der Hochsaison und an den amerikanischen Feiertagen ist der Andrang so groß, dass die Straßen verstopft sind und die Ranger die Zufahrt kurzerhand komplett sperren. Da man den Straßenverkehr im Yosemite Valley als ernstzunehmendes Problem erkannt hat, wurde vom NPS ein kostenloses Shuttlebus-System mit 19 Haltestellen eingerichtet.

Im Yosemite Valley findet der Tourist Hotels, Restaurants, Campingplätze, Einkaufsmöglichkeiten und Sehenswürdigkeiten. Für den weitaus größten Teil der Besucher ist das Tal der Nationalpark.

Sommervergnügen im Merced River

Wer aber die einzigartige Natur des Yosemite in seiner ursprünglichen Schönheit erleben möchte, dem empfehlen sich Ausflüge ins Hinterland, abseits der vielbefahrenen Straßen. Der Nationalpark, dessen Größe etwa der 3,5-fachen Grundfläche Berlins entspricht, befindet sich auf Höhenlagen von 600 bis 4000 Metern. Dadurch ergeben sich höhenbedingt fünf verschiedene Ökosysteme.

Das Yosemite Valley ist ein gutes Beispiel für ein durch Gletscher geschaffenes und durch steile Seitenwände geprägtes Tal. Während der letzten Eiszeit verbreiterten die stetig abwärts wandernden Eis- und Geröllmassen den durch den Merced River geschaffenen, relativ schmalen Canyon und schufen das Tal in seiner heutigen Form. Diese Vorgänge zeigen sich sehr deutlich am Half Dome, dessen Nordflanke – noch heute gut sichtbar – vom Gletscher regelrecht abgefräst wurde. Härtere Gesteinsformationen wie zum Beispiel der El Capitan widerstanden den Naturgewalten und blieben erhalten.

Heute präsentiert sich das voll erschlossene Yosemite Valley als das touristische Zentrum des Nationalparks. Mit Wildblumen und Sträuchern übersäte Wiesen, Eichenwälder und Wälder mit den verschiedensten Nadelbäumen geben zahlreichen Tierarten ein Zuhause. Schmetterlinge, Vögel, Hasen, Maultierhirsche und Schwarzbären fühlen sich in den unterschiedlichen Lebensräumen wohl. Von den hohen und steilen Wänden stürzen Wasserfälle spektakulär ins Tal hinab. So gelten die Yosemite Falls mit einer Gesamthöhe von 739 Metern als fünfthöchste Fälle der Welt. Im Mai und Juni führen sie erfahrungsgemäß das meiste Wasser.

Am südlichen Eingang zum Yosemite National Park liegt Wawona, dessen Ursprünge auf ein Lager der Miwok zurückgehen, welche die Stelle in ihrer Sprache „Pallachun" („eine gute Bleibe") nannten. Eine Legende behauptet, der Name Wawona entstand aus dem Miwok-Wort Wawō'na, was übersetzt „großer Baum" bedeutet. Bereits 1856 baute ein gewisser Galen Clark hier ein erstes einfaches Hotel, das er Clark Station nannte. Besucher des Yosemite Valley konnten hier auf dem Weg vom oder ins 29 Kilometer entfernte Mariposa übernachten. Clark wurde zum ersten Parkaufseher („Guardian of Yosemite") ernannt, nachdem 1864 das Yosemite Valley und der Mariposa Grove unter Schutz gestellt wurden. 1874 übernahmen die Gebrüder Washburn das Anwesen von Clark und bauten dort 1876 das Hotel, das auch heute noch in Betrieb ist. 1883 gab Jean Bruce Washburn dem klassischen viktorianischen Resort den Namen Wawona Hotel. Da die Namensrechte nicht auf den neuen Betreiber übergingen, heißt das Hotel seit 2016 Big Trees Lodge. Neben dem Hotel gibt es in Wawona heute ein Visitor Center, eine Tankstelle, einen Reitstall, einen Golf- und einen Campingplatz. Touristische Attraktionen sind das Pioneer Yosemite History Center mit alten Siedlerhäusern, Gerätschaften und einer Sammlung historischer Pferdekutschen.

Historisches Wawona Hotel

Südlich von Wawona befindet sich der Mariposa Grove, der größte von insgesamt drei Mammutbaumhainen. Hier wachsen Hunderte bis zu über 60 Meter hohe und über 2000 Jahre alte Sequoia-Mammutbäume. Die beiden kleineren Haine Tuolumne Grove und Merced Grove befinden sich unweit von Crane Flat an SR-120. Die drei Haine sind gut mit dem Auto zu erreichen und können über kurze Wanderwege erforscht werden. Für Mariposa Grove wird vom NPS zusätzlich eine Rundfahrt in offenen Fahrzeugen angeboten.

94 Prozent der Fläche des Yosemite National Park sind heute noch einsame Wildnis. Hier findet der Wanderer abseits der Straßen Ruhe und eine vielfältige unberührte Natur. Die von über 1280 Kilometer Wanderwegen durchzogene Landschaft bietet in unterschiedlichen Höhenlagen und bei wechselnden Wetterverhältnissen immer wieder neue, beeindruckende Ausblicke. Zum Schutz der Natur schreibt der NPS für Wanderungen mit Übernachtung in der Wildnis eine Genehmigung (Wilderness Permit) vor, die in den Rangerstationen und Visitor Center erhältlich ist.

Anschauungsobjekt Sequoia

Fast in jedem Somme wüten auf dem Gebiet des Yosemite National Park oder in der näheren Umgebung mehr oder weniger große Waldbrände. Ein Problem? Sicherlich, wenn auch Menschen davon betroffen sind. Aber in der Sierra Nevada sind Buschfeuer seit Tausenden von Jahren ein integraler Bestandteil des Ökosystems. In dieser Zeit haben sich eine Reihe von Pflanzen an die wiederkehrenden Feuer angepasst und eine gewisse Resistenz entwickelt. Von den Mammutbäumen (Sequoia) ist zum Beispiel bekannt, dass ihnen, geschützt durch die dicke Rinde, Waldbrände nur wenig anhaben können. Mehr noch – erst das Feuer bzw. die nach oben steigende heiße Luft sorgt dafür, dass sich die Zapfen der Nadelbäume öffnen und die Samen auf den durch die mineralreiche Asche frisch gedüngten Boden fallen und die Bäume sich fortpflanzen können.

Vor über 100 Millionen Jahren begann die Geschichte Yosemites. Das Gebiet der heutigen Sierra Nevada war zu dieser Zeit von einem vorzeitlichen Meer überflutet, auf dessen Boden sich dicke Sedimentschichten ablagerten. Enorme Erdbewegungen in den folgenden Jahrtausenden falteten den Boden, drehten ihn und hoben ihn schließlich über den Meeresspiegel empor. Zusätzlich floss Magma aus dem Erdinneren und erstarrte unter den Sedimenten zu Granit. Erosion und während der Eiszeit auch die Gletscher haben das Sedimentgestein an vielen Stellen weggespült und formten so die heutige Sierra Nevada und

Merced River

damit auch den Yosemite. Lange Zeit später lebten amerikanische Ureinwohner in der Gegend, bis sie von den negativen Begleiterscheinungen des kalifornischen Goldrauschs vertrieben wurden. Mit den Goldsuchern kamen aber auch Menschen in die Berge, die die Schönheit und die Einzigartigkeit der Landschaft erkannten und zu schätzen wussten. Auf deren Betreiben wurde 1864 der erste Park auf der Grundlage des kalifornischen Rechts geschaffen und 1890 von der Bundesregierung als Yosemite National Park übernommen. Fast 100 Jahre später, im Jahr 1984, ernannte die UNESCO den Park mit seinen beeindruckenden Landschaften, seiner vielfältigen Flora und Fauna und seinen verschiedenen Lebensräumen zum Weltkulturerbe.

INFO

Lage: Zentral-Kalifornien inmitten des Sierra Nevada Gebirges

- Yosemite National Park: 9039 Village Drive: Yosemite, CA 95389, Tel. +1 209 372 0200, *nps.gov/yose*

Anfahrt: Von Osten über Lone Pine und den Tioga Pass, der allerdings oft bis in den Juni hinein wegen Schneeverwehungen gesperrt ist. Von San Francisco aus über I-580 und SR-120 sind es etwa 280 Kilometer.

Eintritt: 35 USD je Fahrzeug oder 20 USD je Person für jeweils sieben Tage

Aktivitäten: Wandern, Radfahren, Tiere beobachten, Fotografieren, Reiten, Fischen, Wintersport

Campingplätze im Park:

- Upper Pines: 238 Plätze, gzj., RES
- Lower Pines: 60 Plätze, Apr bis Okt, RES
- North Pines: 81 Plätze, Apr bis Nov, RES
- Wawona: 93 Plätze, gzj.
- Bridalveil Creek: 110 Plätze, August bis Sep, FCFS
- Hodgdon Maedow: 105 Plätze, Apr bis Okt, FCFS
- Crane Flat: 166 Plätze, August bis Sep, RES
- Tuolumne Meadows: 304 Plätze, Jul bis Sep, FCFS
- White Wolf: 74 Plätze, August bis Sep, FCFS

15. Tioga Road: hoch hinaus

Die Tioga Road ist die Zufahrt zum Yosemite National Park aus dem Osten. Sie schlängelt sich durch die sehenswerte und eindrucksvolle Hochgebirgslandschaft der Sierra Nevada. Bereits in den Jahren 1882/83 als Zufahrtsstraße für eine Mine angelegt, wurde sie 1961 neu trassiert und erweitert. Über rund 100 Kilometer führt die Straße von Lee Vining durch eine malerische Landschaft mit glitzernden Seen, duftenden Wiesen, Felsen und Bergkuppen bis zur Crane Flat Gas Station mitten im Yosemite National Park.

Blick von der Tioga Road

Von Lee Vining am Mono Lake geht es zunächst 900 Höhenmeter steil bergauf. Schon nach rund zehn Kilometern ist der Tioga Pass erreicht. Mit 3031 Metern ist er der höchste Gebirgspass der Sierra Nevada und der höchste Punkt der Tioga Road. Vorbei an verschiedenen Campgrounds, dem Ellery Lake sowie dem Tioga Lake quert die Straße nach weiteren zehn Kilometern die Nationalpark-Grenze. Links öffnen sich die Dana Meadows mit mehreren kleinen Bergseen. Wieder einige Kilometer weiter ragt der markante, 2880 Meter hohe Lembert Dome aus den Tuolumne Meadows empor. Auf über 2000 Meter Höhe erstreckt sich hier die größte subalpine Wiesenlandschaft der Sierra Nevada. In den Sommermo-

Tuolumne Meadows

naten erwarten den Besucher ein Visitor Center, ein Campingplatz, ein Laden und eine Tankstelle als Ausgangspunkt für Tagesausflüge oder Backpack-Touren durch die großflächigen Bergwiesen oder ins imposante Hochgebirge.

Am Tenaya Lake vorbei, der zum Kajak-, Kanufahren oder einfach nur zum Picknicken einlädt, geht es weiter zum Olmsted Point. Von dessen Granithängen genießt man einen außergewöhnlichen Blick auf das hintere Yosemite-Tal, den 3027 Meter hohen Clouds Rest und den Half Dome.

Ansichtskarten-Bergsee

Olmstead Point

Von nun an schwingt sich die Tioga Road in sanften Kurven immer weiter hinab ins Tal. Der Wald rechts und links der Straße wird dichter. Der nächste Abzweig führt zum White Wolf Campground. Und dann nur noch Wald, bis man irgendwann die Tankstelle und das Ende Tioga Road erreicht.

Aber Achtung bei der Urlaubsplanung. Die Tioga Road ist oft bis in den Juni hinein wegen enormen Schneemassen gesperrt.

INFO

Lage: Die Tioga Road ist die einzige Zufahrtsstraße zum Yosemite National Park aus östlicher Richtung.

Auskünfte zum Straßenzustand/Öffnungstermine:
Yosemite National Park Visitor Center:
9039 Village Drive, Yosemite, CA 95389,
Tel. +1 209 372 0200, *nps.gov/yose*

Hinweis: Die Passstraße ist meist bis in den späten Frühling/ Frühsommer wegen Schneeverwehungen gesperrt.

16. Half Dome: die Herausforderung

Wahrscheinlich ist er das am meisten fotografierte Objekt im Yosemite National Park. Die legendäre Aufnahme des Fotografen Ansel Adams aus dem Jahre 1927 machte den 2693 Meter hohen Berg weltberühmt. Für viele Bergsteiger und Bergwanderer ist der Half Dome seitdem eine besondere Herausforderung.

Tausende Touristen besteigen daher jedes Jahr den mächtigen Monolithen, dessen heutige Form durch eiszeitliche Gletscher geschaffen wurde. Dabei lässt sich sein Gipfelplateau, knapp 1400 Meter über dem Talboden, auf verschiedenen Wegen erreichen. Die steile, fast senkrechte und dem Yosemite Valley zugewandte Nordwest-Flanke ist erfahrenen Bergsteigern mit dem entsprechenden Equipment vorbehalten. Für Bergwanderer gibt es einen 13 Kilometer langen Weg „hintenherum", vorbei an den Vernal- und Nevada-Wasserfällen und durch das Little Yosemite Valley zum nordöstlichen Half-Dome-Aufstieg. Doch auch dieser Trail

Half Dome

Auf dem Weg zum Gipfel

sollte nicht ohne entsprechende Vorbereitungen angegangen werden. Die letzten 120 Höhenmeter sind extrem gefährlich. Es geht über nackten, glatten und bis 45 Grad steilen Fels. Um die Situation ein wenig zu entschärfen, spannt der NPS jedes Frühjahr zwei Stahlseile, an denen sich die Wanderer nach oben hangeln können. Um den Ansturm in vernünftigen Grenzen zu halten, schreibt die Parkverwaltung für die Bergwanderung auf das Gipfelplateau ein Permit vor. Jeden Tag werden maximal nur 300 Genehmigungen erteilt – 225 für Tageswanderer und 75 für Backpacker. Die Permits müssen zwischen dem 1. und 31. März des jeweiligen Jahres über *recreation.gov* oder Tel.+1 877 444 6777 beantragt werden.

INFO

Lage: Der 2693 Meter hohe Half Dome liegt am östlichen Ende des Yosemite Valley. Das Wandern zum Gipfel ist nur mit Permit gestattet.

Hinweis: Permits können über *recreation.gov* oder Tel. +1 877 444 6777 bestellt werden. Informationen auf *nps.gov/yose/planyourvisit/halfdome.htm* oder direkt beim Ranger unter Tel. +1 209 372 0826

17. Mono Lake: extrem salzhaltig

Der See im kalifornischen Mono County östlich der Sierra Nevada ist vulkanischen Ursprungs und hat heute eine Wasseroberfläche von über 182 Quadratkilometern.

Mono Lake

Da der Mono Lake ohne natürlichen Abfluss ist, regelt sich sein Wasserhaushalt ausschließlich durch Verdunstung. Die Mineralien blieben dabei zurück und mit den Jahren stieg der Salzgehalt auf extreme Werte (1982 = 99 Gramm je Liter). Verstärkt wurde dieser Effekt, nachdem die Stadt Los Angeles Anfang der 1940er-Jahre enorme Mengen Frischwasser aus den Zuflüssen abzapfte und über ein 520 Kilometer langes Wasserleitungssystem in die Stadt leitete. Damit sollte die Wasserversorgung der rasch wachsenden Metropole gesichert werden. Jedoch drohte dem See durch diese Maßnahme eine ökologische Katastrophe. Durch den fehlenden Zulauf sank der der Wasserspiegel des Mono Lake gewaltig; damit verkleinerte sich auch seine Oberfläche. Lag der Wasserspiegel 1941 noch bei 1956 Metern über dem Meeresspiegel, verringerte er sich bis 1982 auf 1933 Meter. Erst als Gerichte dem Treiben der Stadt Los Angeles Einhalt geboten, stabilisierte sich der See ein wenig. Aber auch

Vogelparadies Mono Lake

heute ist der angedachte Wasserstand noch nicht wieder erreicht. Dabei ist der Mono Lake ein wahres Vogelparadies. Neben den hier lebenden Entenarten, den Kaliforniermöwen und den Seeregenpfeifern nutzen jedes Jahr weit über eine Million Zugvögel wie zum Beispiel Schwarzhalstaucher oder auch Wilson-Wassertreter das Seegebiet zur Mauser und um ihre Nahrungsmittelreserven aufzufrischen. Die Milliarden Salzfliegenlarven und auch die Salzkrebse im See sind für sie ein gefundenes Fressen.

Eine Besonderheit sind die Kalktuffgebilde, die erst nach der Absenkung des Wasserspiegels sichtbar wurden. Sie bildeten sich aus den Ablagerungen mineralhaltiger Quellen auf dem Seeboden und wuchsen im Laufe von Jahrhunderten immer weiter nach oben.

Mono Lake im warmen Sonnenlicht

INFO

Lage: an der Stadtgrenze von Lee Vining im östlichen Zentralkalifornien, etwa 40 Kilometer von der Grenze zu Nevada entfernt

- Mono Basin Scenic Area Visitor Center:
  Lee Vining, CA 93541, Tel. +1 760 647 3044,
  monolake@parks.ca.gov, parks.ca.gov/?page_id=514

Anfahrt: sowohl vom Süden als auch aus dem Norden über US-395

Eintritt: frei

Aktivitäten: Wandern, Radfahren, Tiere beobachten, Fotografieren, Fischen, Bootfahren

18. Bodie: echt alt

Das ehemalige Goldgräberstädtchen Bodie gilt heute als die authentischste und besterhaltene Ghosttown des Landes.

In Bodie nagt der Zahn der Zeit ...

Tankstelle in Bodie

Die Stadt entstand um 1859, als in der Gegend Gold gefunden wurde. Ein regelrechter Boom, ein Goldrausch setzte ein. Trotz der extrem kalten Winter lebten zur Blütezeit (1877 bis 1881) bis zu 10.000 Menschen in Bodie. Allein 60 Saloons buhlten um zahlende Kunden. Dazu kamen Geschäfte aller Art,

Schulhaus

vom Bordell bis zum Leichenbestatter. Verbrechen waren damals an der Tagesordnung. Bodie galt zu dieser Zeit als „gesetzloseste, wildeste und härteste Stadt im Westen". Der Satz „Goodbye God, I'm going to Bodie" machte die Runde. Aber nach 1881 ließen die Goldfunde nach. Die Goldsucher zogen weiter, Geschäfte und Häuser wurden aufgegeben. Ein verheerender Brand im Jahre 1892 besiegelte dann den Untergang der Stadt. 1921 hatte Bodie nur noch 30 Einwohner. Seit 1962 existiert die Stadt als Bodie State Historic Park.

Heute sind noch etwa 170 historische Gebäude samt Inneneinrichtungen vorhanden. Die trockene Luft in 2500 Meter Höhe hat

Kirche

Downtown Bodie

Wer rastet, der rostet.

das Holz der Kirche, der Geschäfte, Saloons, Wohn- und Minengebäude regelrecht konserviert, sodass sie der Nachwelt erhalten blieben. Es macht Spaß, zwischen den urigen Gebäuden herumzulaufen und immer wieder Neues bzw. Altes zu entdecken.

INFO

Lage: etwa 30 Kilometer nördlich des Mono Lake

- Bodie State Historic Park: P.O. Box 515, Bridgeport, CA 935171, Tel.+1 760-616-5040, *bodie@parks.ca.gov*, *parks.ca.gov/?page_id=509*

Anfahrt: von US-395 bei Dog Town auf den SR-270. Die letzten fünf Kilometer sind nicht asphaltiert.

Eintritt: Erwachsene 8 USD, Kinder von 4 bis 17 Jahre 5 USD

Aktivitäten: Wandern, Tiere beobachten, Fotografieren, Stargazing, rangergeführte Touren: Ghost Walks, Stamp Mill Tour

19. SEQUOIA NATIONAL PARK: WÄLDER UND WANDERN

Der bereits 1890 gegründete Sequoia National Park und der weiter nördlich gelegene Kings Canyon National Park grenzen unmittelbar aneinander und werden daher vom NPS seit 1943 gemeinsam verwaltet. Über den Generals Highway sind die beiden Parks miteinander verbunden.

Riesen-Mammutbäume

Seinen Namen verdankt der Nationalpark den gigantischen Riesenmammutbäumen (Sequoiadendron giganteum). Im Gegensatz zu den Küstenmammutbäumen sind die auch Bergmammutbäume genannten Giganten zwar etwas kleiner (bis zu 95 Meter statt bis zu 112 Meter) dafür aber dicker (bis zu zwölf Meter statt sieben Meter Durchmesser) und damit auch schwerer (bis zu 1225 Tonnen!). Außerdem erreichen die Berg-Sequoias mit bis zu 3200 Jahren ein bedeutend höheres Alter. Der 84 Meter hohe General Sherman Tree zum Beispiel, der im Giant Forest des Nationalparks wächst, soll 2000 bis 2500 Jahre alt sein. Noch einige imposante Fakten zum General Sherman: Der Umfang an der Stammbasis beträgt 31,12 Meter, der Durchmesser des größten Astes 2,1 Meter und das Gewicht des Stammes 1100 Tonnen. Weitere Mammutbäume stehen im General Grant Grove (der allerdings schon zum Kings Canyon National Park gehört), im Bereich des Big Tree Trails und über den gesamten Park verteilt.

Einen Besuch wert ist auch die Crystal Cave. Sie ist die einzige der 275 Höhlen im Parkgebiet, die für den Publikumsverkehr geöffnet ist. Die große Tropfsteinhöhle kann jedoch nur in den Sommermonaten im Rahmen von 45-minütigen Rangertouren erforscht werden. Besucher sollten sich entsprechend anziehen. Im karstigen Untergrund herrscht eine konstante Temperatur von nur zehn Grad Celsius.

Wanderweg durch einen Sequoia

Ein beliebter Aussichtspunkt ist der 2050 Meter hohe Moro Rock, ein mächtiger Granit-Monolith, dessen rund 300 Meter vertikale Westwand von gut ausgerüsteten Bergsteigern bezwungen werden kann. Auf der anderen Seite hat das Civilian Conservation Corps schmale Stufen in den Felsen geschlagen, um auch weniger ambitionierten Besuchern den einmaligen Rundum-Ausblick von der Plattform auf dem Gipfel ermöglichen zu können. Von hier oben zeigen sich im Westen die mit Eichen und immergrünem Gebüsch bewachsenen Gebirgsausläufer des San Joaquin Valley. Richtung Süden erblickt man tief unten den Mittellauf des Kaweah River in seinem sich windenden Canyon. Der schneebedeckte Gipfel des 4208 Meter hohen Mount Kaweah dominiert den Ausblick gen Osten. Bei guter Sicht kann man am Horizont den Mount Whitney (4418 Meter) ausmachen. Nach Norden blickt man auf den Sequoia National Park mit seinen mächtigen Mammutbäumen hinab und kann dahinter auch die Höhen des Kings Canyon National Park ausmachen.

Moro Rock

Schwarzbär

INFO

Lage: in der Mitte Kaliforniens, etwa auf der Höhe von Fresno

- Sequoia National Park/Kings Canyon National Park: 47050 Generals Highway, Three Rivers, CA 93271, Tel. +1 559 565 3341, *craterlake@nps.gov*, *nps.gov/seki*

Anfahrt: Zufahrt nur von Westen aus möglich. Von Fresno aus führt SR-180, von Visalia der SR-198 direkt in den Park.

Eintritt: 35 USD je Fahrzeug oder 20 USD für Wanderer oder Radfahrer. Die Tickets gelten für sieben Tage im Sequoia und im Kings Canyon National Park.

Aktivitäten: Wandern, Bergsteigen, Radfahren, Tiere beobachten, Fotografieren, Reiten, Fischen, Stargazing, Rangerprogramme

Campingplätze im Park:

- Lodgepole: 203 Plätze, Toiletten, Duschen, Dump Station
- Dorst Creek: 218 Plätze, Toiletten, Duschen, Dump Station
- Potwish: 42 Plätze, Toiletten, Dump Station
- Cold Springs: 40 Plätze, Toiletten, Duschen

20. KINGS CANYON NATIONAL PARK: WILDNIS

Der Kings Canyon National Park am Westhang der Sierra Nevada östlich des San Joaquin Valley ist in zwei getrennte Abschnitte unterteilt.

Der kleinere westliche Abschnitt konzentriert sich auf Grant Grove und verfügt über die meisten Besuchereinrichtungen. Dieser Teil ist praktisch eine Fortsetzung des Sequoia National Park – ist doch auch hier die Heimat vieler mächtiger Mammutbäume.

Der größere östliche Teil besteht fast ausschließlich aus Wildnis und wird geprägt durch Hochebenen, stattliche Berge und die tiefen Schluchten des Kings River. In Cedar Grove, im hinteren Teil des Kings Canyon gelegen, liegen die einzigen touristischen Einrichtungen (Campground, Hotel, Reitstall, Visitor Center) im östlichen Park, die über eine ausgebaute Straße (SR-180) erreichbar ist. Obwohl ein großer Teil des Parks bewaldet ist, besteht der östliche Abschnitt größtenteils aus alpinen Regionen oberhalb der Baumgrenze. Das Hochland ist in der Regel nur von Ende Juni bis Ende Oktober schneefrei und auch dann nur über Fuß- und Reitwege erreichbar.

Kings River

Mächtiger Sequioa

Der meistbesuchte Teil des Kings Canyon National Park ist der General Grant Grove. Der Hain besteht aus einer Reihe von Mammutbäumen, die über verschiedene Wege, darunter der Redwood Canyon Trail und der Big Baldy Ridge Trail, erreicht werden können. Neben dem General Grant Tree, der mit einem Volumen von 1357 Kubikmetern bei einer Höhe von 81,1 Metern als zweitgrößter Baum der Welt gelistet ist, steht hier auch der Robert E. Lee Tree, mit 1135 Kubikmetern Volumen der elftgrößte Mammutbaum weltweit. Nach einer Reihe von Vandalismus-Attacken sind die berühmtesten Sequoias heute jedoch eingezäunt und dürfen nicht mehr berührt werden. Der größte Hain mit Mammutbäumen – nicht nur im Park, sondern weltweit – ist der 1240 Hektar große, aber etwas abgelegene Redwood Mountain Grove. Hier stehen 15.800 Bäume, darunter der Roosevelt Tree und der Hart Tree (Platz 22 und 25 in der Liste der größten Sequoias).

Warum die mächtigen Bäume oftmals nach amerikanischen Generälen benannt wurden, beantwortet ein Ranger mit einem einzigen Wort: „Patriotism“. Übrigens, die Angehörigen der sozialistischen Kaweah Cooperative Colony, die vor der Gründung des Nationalparks auf dessen Gebiet lebten, nannten den heute als General Sherman Tree bekannten Baum Karl Marx Tree.

Mark Twain Stump

Beispiele, wie der Mensch in der Vergangenheit den Sequoias zugesetzt hat, zeigen sich eindrucksvoll im Big Stump Basin. Hier befand sich um 1880 eine Sägemühle, die extra gebaut wurde, um das Holz der Mammutbäume zu verarbeiten. Ein drei Kilometer langer Wanderweg führt an vielen mahnenden Baumstümpfen vorbei, von denen der Mark Twain Stump der bekannteste ist. Zwei Männer brauchten 1891 ganze 13 Tage, um den rund 1350 Jahre alten Baum zu fällen. Nur der Stumpf ist von dem mächtigen Riesen übriggeblieben.

Die Tierwelt im Nationalpark ist entsprechend der breit gefächerten Lebensräume sehr vielschichtig. Die im Park lebenden Maultierhirsche sind die bevorzugten Beutetiere der seltenen Berglöwen. Marder und Vielfraße jagen Eichhörnchen und andere kleinere Tiere. Auch Schwarzbären sind im Gebiet des Nationalparks immer wieder auf der Suche nach Nahrung. Sie reißen junge oder kranke Tiere und fressen Aas, ernähren sich aber größtenteils von Früchten, Gräsern und Wurzeln. Murmeltiere sowie Pikas bevölkern die Berge, und Kojoten, Graufüchse, Luchse sowie Waschbären ziehen durch die Gebirgsausläufer und finden dort ihr Fressen.

Empfehlenswert ist für Besucher auf jeden Fall die Fahrt auf dem Kings Canyon Scenic Byway (SR-180), auch über Cedar Grove hinaus. Die Straße, die im Winter allerdings geschlossen ist, führt immer nahe am Kings River vorbei an der Boyden Cavern, Wasserfällen und zahlreichen Aussichtspunkten durch den Canyon, den in grauer Vorzeit die Gletscher und später das Wasser des Kings River tief in die Bergwelt geschnitten haben. Von den Overlooks erkennt man deutlich die typischen V- oder U-Formen des Canyons, die durch glaziale Erosion, das heißt durch die Bewegung der Gletscher geformt wurden. Sowohl der Generals Highway als auch der Kings Canyon Highway schlängeln sich durch derartige Schluchten. Roads End, am Ende Kings Canyon Scenic Byway, liegt in einem flachen Gletschertal mit steilen Canyonwänden, die sich links und rechts nahezu 1600 Meter von der Flussebene aufwärts erheben.

Im Kings Canyon

INFO

Lage: in der Mitte Kaliforniens, etwa auf der Höhe von Fresno

- Sequoia National Park/Kings Canyon National Park: 47050 Generals Highway, Three Rivers, CA 93271, Tel. +1 559 565 3341, *craterlake@nps.gov, nps.gov/seki*

Anfahrt: Von Fresno aus führt der SR-180 direkt in den Park.

Eintritt: 35 USD je Fahrzeug oder 20 USD für Wanderer oder Radfahrer. Die Tickets gelten für sieben Tage im Sequoia und im Kings Canyon National Park.

Aktivitäten: Wandern, Bergsteigen, Radfahren, Tiere beobachten, Fotografieren, Reiten, Fischen, Stargazing, Rangerprogramme

Campingplätze im Park:

- Azalea: 110 Plätze, Toiletten, Duschen
- Sentinel: 82 Plätze, Mai bis Nov, Toiletten, Duschen
- Sheep Creek: 111 Plätze, Jul bis Sep, Toiletten, Duschen
- Sunset: 157 Plätze, Jul bis Sep, Toiletten, Duschen
- Moraine: 121 Plätze, Jul bis Okt, Toiletten, Duschen

21. PINNACLES NATIONAL PARK: BORN OF FIRE

Der noch junge, erst 2013 gegründete Nationalpark in der Mitte Kaliforniens erwartet seine Besucher mit einer außergewöhnlichen Felslandschaft. Die hoch aufragenden Felstürme, die engen Canyons und auch die verschiedenen Höhlen sind die Hinterlassenschaften verschiedener Vulkane, die hier vor 23 Millionen Jahren ausbrachen.

Heute sind die schroffen Felsen und die Schluchten ein idealer, weil sicherer Lebensraum für Prärie- und Wanderfalken, Steinadler und den Kalifornischen Kondor. Doch es sind nicht nur die Felsen, die den Park ausmachen. Auf den Hügeln und weiten Ebenen gedeiht eine Chaparral genannte Gebüsch-Vegetation, überwiegend aus niedrigen Eichengewächsen. In den tiefer liegenden und damit auch wärmeren Teilen wachsen Kiefern, Kalifornische Rosskastanien, Pappeln und Eichen, an den Bächen auch Weiden und Holunderbeeren.

Pinnacles in der Abendsonne

Kalifornischer Condor

Der Park befindet sich in der Nähe der San-Andreas-Spalte, die an der Schaffung der einzigartigen Formationen mitgewirkt hat. Die Bewegung der Pazifischen Platte entlang der Verwerfung spaltete einen Teil des Vulkans ab und bewegte ihn rund 314 Kilometer nach Nordwesten. Unterschiedliche Erosion und Verwitterung des freiliegenden Gesteins haben die Pinnacles genannten markanten Felstürme entstehen lassen, die dem Park seinen Namen gaben.

Seit Kurzem sind wieder Wanderfalken im Gebiet des Nationalparks ansässig, allerdings in einer geringeren Anzahl als noch vor 70 Jahren. Dafür brüten hier mehr Präriefalken als in irgendeinem anderen Gebiet Nordamerikas. 2003 hat der Staat Kalifornien ein Programm zur Regenerierung der Kondor-Population ins Leben gerufen. Das erste Nest seit der Wiedereinführung des Kalifornischen Kondors wurde 2010 gebaut. Heute gibt es wieder 25 frei fliegende Kondore im Pinnacles National Park. Zu den 49 Säuge-

Rotluchs im Pinnacles National Park

tier- und 149 Vogelarten, die im Park leben, gehören unter anderem Kojote, Stinktier, Virginia-Uhu, Rotluchs, Waschbär, wilder Truthahn, Graufuchs, Steinadler und Puma. Außerdem wurden 13 Fledermausarten von den Rangern dokumentiert, drei weitere Arten gelten als wahrscheinlich. Die Talushöhlen im Park bieten den Fledermäusen Schlaf- und Brutplätze. Zu den ehemals heimischen Tieren, die heute aus dem größten Teil Kaliforniens verschwunden sind, gehörten das Tule-Wapiti und die Pronghorns (Gabelböcke). Bis zum Ende des 19. Jahrhunderts lebten hier auch Grizzly- und Schwarzbären.

Mehr als 50 Kilometer Wanderwege durchziehen den 108 Quadratkilometer großen Nationalpark. Die Trails führen, für verschiedenen Fitness- und Erfahrungsstufen, durch flache Wiesenabschnitte, durch die beiden Talushöhlen oder auch über Steigungen zu den Pinnacles-Felstürmen.

INFO

Lage: in Zentralkalifornien etwa 70 Kilometer östlich von Monterey

- Pinnacles National Park: 5000 Highway 146, Paicines, CA 95043, Tel.+1 831 389 4486, *nps.gov/pinn*

Anfahrt: von Osten über den SR-25, von Westen über den US-101. Es gibt innerhalb des Parks keine durchgehende Straße zwischen Ost- und Westeingang.

Eintritt: 30 USD je Fahrzeug oder 15 USD je Wanderer oder Radfahrer für jeweils sieben Tage

Aktivitäten: Wandern, Klettern, Radfahren, Tierbeobachtung, Fotografieren und Rangerprogramme

Campingplätze im Park:

- Pinnacles: 134 Plätze, Strom, Toiletten, Dump Station. Der Platz kann nur von der Ostseite des Parks angefahren werden. Stellplätze können sechs Monate im Voraus über *recreation.gov* oder Tel. +1 877 444 6777 reserviert werden.

22. Channel Islands National Park: Abseits vom Festland

Einer der außergewöhnlichsten US-Nationalparks liegt vor der Küste Südkaliforniens. Die den Städten Santa Barbara und Ventura vorgelagerten Pazifikinseln San Miguel, Santa Rosa, Santa Cruz und Anacapa sowie die kleine, etwa 60 Kilometer weiter südlich liegende Insel Santa Barbara stehen seit 1980 als Channel Island National Park unter Schutz. Auf jeder der fünf Inseln ist heute Camping mit Zelten möglich – Reservierung vorausgesetzt.

Seeelefanten auf San Miguel Island

San Miguel Island

Die westlichste der Inseln hat aufgrund ihrer exponierten Lage das extremste Wetter. Starke nordwestliche Winde, aber auch immer wieder Nebel prägen die ca. 38 Quadratkilometer große, ca. 13 Kilometer lange und 6,5 Kilometer breite Insel. Farmer züchteten auf den saftigen Wiesen der Insel von etwa 1850 bis 1948 Schafe. Danach nutzte die US Navy das Eiland als Ziel für Bombenabwürfe. Erst nachdem der NPS das Kommando übernahm, siedelten sich wieder vermehrt Seevögel, Robben und Seelöwen an.

Santa Rosa Island Skunk Point

Santa Rosa Island

Die mit ca. 215 Quadratkilometern zweitgrößte Insel hat eine lange Geschichte. Vor Tausenden von Jahren lebten hier flugunfähige Gänse, riesige Mäuse und kleinwüchsige Mammuts. Diese sind längst ausgestorben. Heute leben hier der nur auf den Channel Islands heimische Insel-Graufuchs und das nur knapp ein halbes Kilogramm schwere Fleckenstinktier. 1959 wurden auf der Insel 13.000 Jahre alte Überreste des Arlington Springs Man gefunden, die ältesten menschlichen Knochen auf dem amerikanischen Kontinent.

Santa Cruz Island

Die Besonderheit der mit 250 Quadratkilometern größten Insel des Archipels (35 Kilometer lang und bis zu zehn Kilometer breit) sind historische Farmen und die Painted Cave, eine der größten Meereshöhlen weltweit. Die 30 Meter breite und 370 Meter lange Höhle kann mit Kajaks befahren werden. Die Insel ist geologisch aufgeteilt. Der Norden besteht aus vulkanischem Gestein, im Süden herrscht älteres Sedimentgestein vor. Das alles ist umgeben von unberührten Sandstränden.

Anacapa Island

Nur 19 Kilometer vom Festland entfernt findet man drei kleine Vulkaninselchen: East, Middle und West Anacapa – zusammen etwa acht Kilometer lang. Hier, weitab von Pestiziden, leben die meisten der seltenen Braunpelikane der USA. Auf East Anacapa befindet sich eine Ranger Station, und das Anacapa Lighthouse warnt die Seefahrt vor den tückischen Felsen.

Anacapa Island

Santa Barbara Island

Die südlichste und kleinste Insel des Nationalparks ist nur ganze drei Quadratkilometer groß. Auch hier leben viele Seevögel, Robben und Seelöwen weitgehend ungestört von menschlichen Einflüssen.

Webster Point

Die Inseln, nur wenige Kilometer vor der Küste, sind ein wahres Paradies für Menschen, die absolute Ruhe und Erholung suchen und ein Faible für die Natur haben. Der Besucher kann sich an ursprünglichen Wildblumenwiesen oder naturbelassenen Sandstränden erfreuen und seltene Tiere wie Braunpelikane, den Insel-Graufuchs sowie vor der Küste Delfine und Wale beobachten.

Zahlreiche Agenturen auf dem Festland in Oxnard, Ventura oder Santa Barbara bieten Bootsfahrten in den Nationalpark an. Das Angebot ist breit gefächert und reicht vom einfachen Fährbetrieb zu den Inseln über Delfin- und Walbeobachtung und Angelausflügen bis hin zu All-Inclusive-Touren mit Schnorchel- und Kajakfahrten. Die Reise zu den Channel Island bedarf jedoch einer sorgfältigen und langfristigen Planung. Die Touren sind sehr beliebt und daher – wie auch die Zeltplätze – schon frühzeitig ausgebucht.

INFO

Lage: im Pazifischen Ozean vor der Küste Südkaliforniens

- Channel Island National Park: 1901 Spinnaker Drive, Ventura, CA 93001, Tel.+1 805 658 5730, *nps.gov/chis*

Anfahrt: ausschließlich mit Schiffen oder auf dem Luftweg

- Fährverbindung zu den Inseln: *islandpackers.com*
- Bootscharter: *truthaquatics.com*
- Flug nach Santa Rosa Island: *flycia.com*

Eintritt: frei

Aktivitäten: Wandern, Schwimmen, Tauchen, Schnorcheln, Tiere beobachten, Fotografieren, Fischen, Kajak fahren

Campingplätze im Park:

- Anacapa Island: 7 Stellplätze, Picknicktische, kein Wasser, Toiletten
- Eastern Santa Cruz: 31 Stellplätze, Picknicktische, Wasser, Toiletten
- Santa Rosa: 15 Stellplätze, Picknicktische, Wasser, Toiletten
- San Miguel: 9 Stellplätze, Picknicktische, kein Wasser, Toiletten
- Santa Barbara: 10 Stellplätze, Picknicktische, kein Wasser, Toiletten

Die Stellplätze müssen unbedingt vorab unter *recreation.gov* oder Tel. +1 877 444 6777 reserviert werden.

Durch die Wüste

Mesquite Flat Sand Dunes, Death Valley National Park

Durch die Wüste

23. Death Valley National Park: Tal des Todes
24. Titus Canyon: The Long and Winding Road
25. Alabama Hills: Wild Wild West
26. Valley of Fire State Park: rot wie Feuer
27. Joshua Tree National Park: zwei Wüsten
28. Mojave National Preserve: Wüstenpfade
29. Amboy: The Ghost Town that ain't dead yet
30. Salton Sea, Slab City, Salvation Mountain: Entdeckungen in „the Middle of Nowhere"

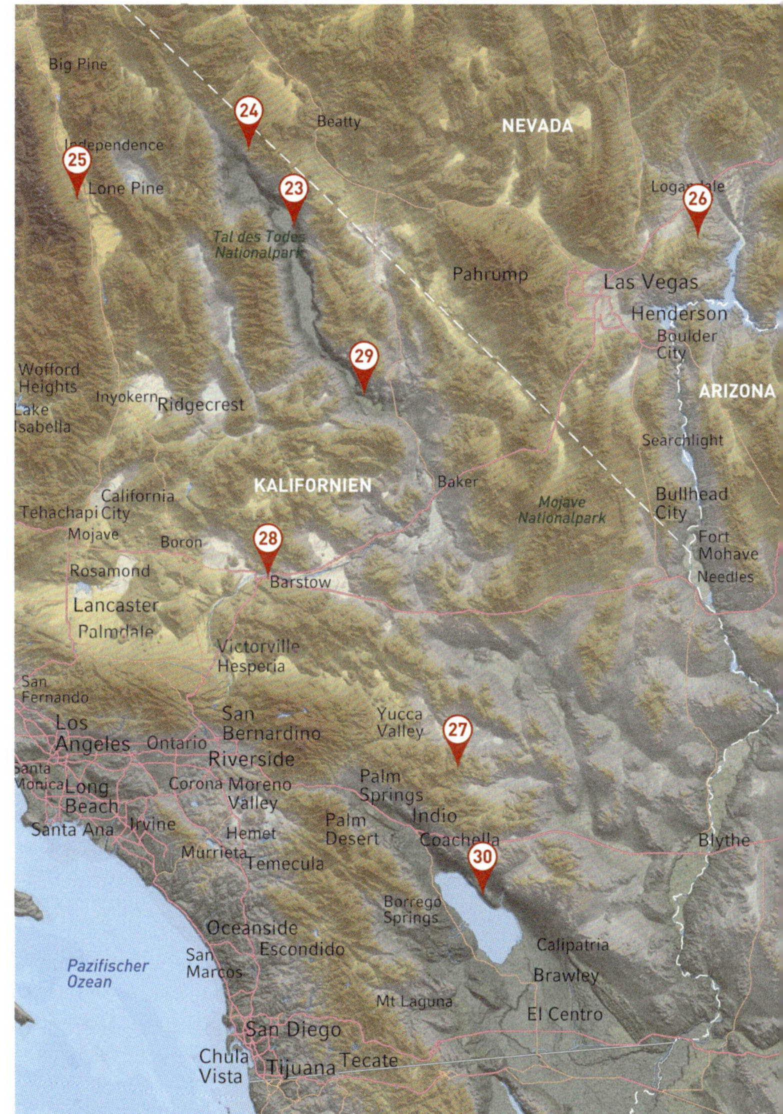
Big Pine
24
Beatty
NEVADA
Independence
25
Lone Pine
23
Logandale
26
Tal des Todes Nationalpark
Pahrump
Las Vegas
Henderson
Boulder City
29
Wofford Heights
ARIZONA
Inyokern
Ridgecrest
Lake Isabella
Searchlight
KALIFORNIEN
Baker
California City
Tehachapi
Mojave Nationalpark
Bullhead City
Mojave
Boron
28
Fort Mohave
Rosamond
Barstow
Needles
Lancaster
Palmdale
Victorville
Hesperia
San Fernando
Los Angeles
San Bernardino
Yucca Valley
27
Ontario
Riverside
Santa Monica
Long Beach
Corona
Moreno Valley
Palm Springs
Indio
Palm Desert
Santa Ana
Irvine
Hemet
Coachella
Blythe
Murrieta
Temecula
30
Borrego Springs
Oceanside
Calipatria
Escondido
San Marcos
Pazifischer Ozean
Brawley
Mt Laguna
El Centro
San Diego
Chula Vista
Tijuana
Tecate

23. Death Valley National Park: Tal des Todes

Der Name der Gegend stammt aus den Zeiten der Pioniere, die mit Ochsenkarren noch mühsam querfeldein durch die unwegsame Landschaft fuhren – bei den extremen Temperaturen ein durchaus gefährliches Unterfangen. Der Tourist durchquert auf dem gut ausgebauten Highway 190 heute den Nationalpark in Ost-West-Richtung in knapp anderthalb Stunden – im klimatisierten Fahrzeug.

Ubehebe Crater

Nach dem Regen

Das Death Valley ist der heißeste, trockenste und mit 86 Metern unter dem Meeresspiegel auch tiefste Nationalpark der USA. In den Sommermonaten können die Temperaturen bis auf 45 Grad Celsius ansteigen. Trotz der extremen Hitze und den minimalen Niederschlägen wachsen in dieser lebensfeindlichen

Umgebung rund 900 verschiedene Pflanzenarten. Sie haben sich dem Wüstenleben angepasst. Manchmal passiert es, dass nach einem heftigen Frühlingsregen die Wüste für einen kurzen Zeitraum in den verschiedensten Farben erblüht. Leider nur für einige Tage, dann verdorrt alles wieder in der starken Sonnenstrahlung.

Badwater Basin

Der tiefste Punkt des Nationalparks liegt in der Badwater-Senke. Die exakte Stelle ist nicht gekennzeichnet, denn sie verändert ständig ihre Position. In der Senke hat sich im Laufe der Jahrtausende eine über einen Meter dicke Salzschicht abgelagert, die nach Regenfällen unter Wasser steht. Der Jahresniederschlagsmenge von 48 Millimetern steht eine jährliche Verdunstungsrate von 3810 Millimetern gegenüber, sodass das kurzzeitig gelöste Oberflächensalz schnell wieder trocknet und verkrustet.

Der Blick vom 1669 Meter hoch gelegenen Aussichtspunkt Dantes View reicht bei schönem Wetter über Badwater hinweg bis zur gegenüberliegenden Panamint Range mit dem 3366 Meter hohen Telescope Peak.

Der Death Valley National Park ist äußerst facettenreich. An den Berghängen im Hinterland, abseits der Durchgangsstraßen, liegen viele verlassene Minen. Früher wurde hier nach Gold und Silber, aber auch nach Borax gesucht. Viele Highlights wie der Zabriskie Point oder die bunte Artists Palette können mit dem Pkw angefahren

HOT!

werden. Wanderwege führen zu geologischen Besonderheiten, zum Beispiel zum Mosaic Canyon und zum Golden Canyon. Aber Wandern ist mit Vorsicht zu genießen. Die Hitze ist so extrem, dass sich die Parkverwaltung genötigt sah, in den Sommermonaten Warnschilder aufzustellen. Bei 45 Grad Celsius helfen auch ein schattenspendender Hut und Wasser nicht viel.

Auch Golf kann man im Death Valley spielen. Der Furnace Creek Inn & Ranch Resort besitzt einen 18-Loch-Golfplatz, der 214 Meter unter dem Meeresspiegel liegt und damit der tiefste Golfplatz der Welt sein soll.

Im Norden des Nationalparks liegen der leicht erreichbare Ubehebe Crater und das etwa 13 Kilometer entfernte legendäre Scotty's Castle. Der Krater mit etwa einem Kilometer Durchmesser und einer Tiefe von 230 Metern entstand vor rund 800 Jahren, als hier heißes

Das Death Valley Inn

Magma aus dem Erdinneren nach ober drang und das Grundwasser zum explosionsartigen Verdampfen brachte. Das Ergebnis kann man heute begehen.

Die Geschichte des Scotty's Castle ist um einiges jünger. Um 1922 „überredete" der zwielichtige Goldgräber Walter Scott („Death Valley Scotty") einen Chicagoer Millionär, im Grapevine Canyon ein Haus zu bauen. In mehrjähriger Bauzeit entstand unter dubiosen Umständen ein imposantes zweistöckiges Herrenhaus im spanischen Kolonialstil, mit prunkvollen Möbeln und Gemälden, einer Theaterorgel mit 1121 Pfeifen und einem eigenen Kraftwerk. 1970 kaufte der NPS die Villa und machte sie Besuchern zugänglich. Eine gewaltige Sturzflut im Oktober 2015 beschädigte das Anwesen so stark, dass es voraussichtlich erst 2023 wieder besichtigt werden kann.

INFO

Lage: an der Grenze zwischen Nevada und Kalifornien, etwa 200 Kilometer nordwestlich vom Las Vegas

- Death Valley Nationalpark: PO Box 579, Death Valley, CA 92328, Tel. +1 760 786 3200, *nps.gov/deva*

Anfahrt: von Westen über Lone Pine und SR-190, von Las Vegas über SR-160 bis Death Valley Junction und dann weiter auf SR-190. Von Süden über Ridgecrest auf SR-178.

Eintritt: 30 USD je Fahrzeug, 15 USD pro Person. Die Tickets gelten für sieben Tage.

Aktivitäten: Wandern, Radfahren, Golf, Fotografieren, Reiten

Campingplätze im Park:

- Furnace Creek: 136 Plätze, Toiletten, Wasser, Dump Station
- Sunset: 270 Plätze, Toiletten, Wasser, Dump Station
- Texas Springs: 92 Plätze, Toiletten, Wasser, Dump Station
- Stovepipe Wells: 190 Plätze, Toiletten, Wasser, Dump Station

Stellplätze auf dem Furnace Creek Campground können für Oktober bis April über *recreation.gov* oder Tel. +1 877 444 6777 reserviert werden.

24. Titus Canyon: The Long and Winding Road

Eine ausgefallene Art das Death Valley zu erreichen, ist die Fahrt durch den Titus Canyon bzw. über die nicht asphaltierte, aber mit ein wenig Umsicht gut befahrbare Titus Canyon Road. Ausgangspunkt ist die Kleinstadt Beatty in Nevada. Hier gibt es einige Motels, Fast-Food-Restaurants, Einkaufsmöglichkeiten und Tankstellen. Also ideal vor dem Abstecher in die „Wildnis".

Die Titus Canyon Road schlängelt sich durch die Berge.

Von Beatty aus nimmt zuerst die gut ausgebaute SR-374 in Richtung Westen. Schon nach knapp fünf Kilometern ist die Ghosttown Rhyolite erreicht, ein lohnenswerter Zwischenstopp. Die Stadt entstand 1904, nachdem in der Gegend Gold gefunden wurde. Zwischen 1905 und 1910 lebten hier etwa 10.000 Menschen. Als ab 1914 kein Gold mehr gefunden wurde, ging es mit der Stadt rasch abwärts. 1919 schloss als letztes das Post Office – Rhyolite wurde eine Geisterstadt. Weitere fünf Kilometer hinter der Stadt zweigt die Titus Canyon Road vom Highway ab, als Einbahnstraße. Auf der schmalen staubigen Straße geht es nun stetig bergauf bis zum

Titus Canyon

Kunstobjekt in Rhyolite

1600 Meter hoch gelegenen Red Pass, der seinen Namen wegen der Farbe des Erdbodens hier bekommen hat. Auf der anderen Seite des Passes führt die Road an den Überresten der Ortschaft Leadfield vorbei. Einige Wellblechhütten, zwei verrammelte Mineneingänge und verrostete Werkzeuge sind die letzten Zeugnisse, dass hier in den 1920er-Jahren an die 300 Menschen nach Erz gesucht haben. Kurz hinter Leadfield beginnt dann der eigentliche Titus Canyon. Die Schlucht wird immer schmaler, die Felswände steiler und höher. Nur zur Mittagszeit erreichen die Sonnenstrahlen den Canyon-Boden. Es ist eng, kühl und dunkel. Die Straße windet sich durch die Felsen bis nach einer letzten engen Kurve – nach insgesamt 47 Kilometern – der Blick freigegeben wird auf das Death Valley.

INFO

Lage: an der Grenze zwischen Nevada und Kalifornien, etwa 200 Kilometer nordwestlich vom Las Vegas

Hinweise:

- Die Fahrt durch den Titus Canyon ist eine abenteuerliche und alternative Zufahrt zum Death Valley National Park aus östlicher Richtung, von Beatty, NV.
- Aktuelle Informationen zum Straßenzustand usw. erhält der Besucher im Death Valley National Park Visitor Center, Death Valley, CA 92328, Tel. +1 760 786 3200, *nps.gov/deva*

25. Alabama Hills: Wild Wild West

Nur wenige Kilometer westlich des beschaulichen Städtchens Lone Pine im Owens Valley stößt man auf eine außergewöhnliche Felslandschaft, die Alabama Hills. Schon in den 1920er-Jahren nutzten die ersten Hollywood-Regisseure das gut erreichbare Gebiet im Schatten des mächtigen Sierra-Nevada-Gebirges als Location für Außenaufnahmen, vornehmlich für Wildwest-Filme.

Westernkulisse

Für rund 150 Filme dienten die Alabamas als Kulisse. Die Schauspieler Tom Mix, Will Rogers und Gene Autry, aber auch Randolph Scott, James Stewart und die Kultfigur John Wayne schossen hier wild um sich.

Aber es sind nicht nur Oldies, die hier auf Zelluloid gebannt wurden. Auch für „Gladiator" (2000) mit Russell Crowe, „Iron Man" (2008) mit Robert Downey jr. und „Django Unchained" (2012) mit Jamie Foxx dienten die pittoresken Felsen der Alabama Hills als

Film History Museum

dekorativer Hintergrund. Umfangreiche Informationen über Filme und Schauspieler bietet das sehenswerte Museum of Western Film History in Lone Pine (*museumofwesternfilmhistory.org*) an. Unter anderem ist hier die originale Kutsche (mit dem Wackelzahn) von Dr. King Schultz aus Quentin Tarantinos „Django Unchained“ ausgestellt.

Aber nicht nur für Cineasten sind die Alabama Hills interessant. Auch Wanderer, Geologen und Fotografen kommen auf ihre Kosten. Dutzende natürlicher Bögen wie zum Beispiel Mobius Arch, Lathe Arch, das Eye of Alabama und der Whitney Portal Arch zählen zu den Hauptattraktionen der Alabamas. Sie können durch kurze Wanderungen von der Whitney Portal Road, der Movie Flat Road und der Horseshoe Meadows Road erreicht werden. In dem Gebiet, das vom Bureau of Land Management (BML) verwaltet wird, finden zwei sich Hauptgesteinsarten. Eines ist ein orangefarbenes, verwittertes, metamorphosiertes Vulkangestein, das 150 bis 200 Millionen Jahre alt ist. Die andere Gesteinsart ist 82 bis 85 Millionen Jahre alter Biotit-Monzogranit, aus dem die eher rundlichen und kartoffelförmigen Felsbrocken bestehen.

Heart Arch

INFO

Lage: Ausgangspunkt für Alabama Hills ist die beschauliche Kleinstadt Lone Pine.

Hinweis: Informationen aller Art erhält man im Eastern Sierra Interagency Visitor Center: Kreuzung US-395 und SR-136, Lone Pine, CA 93545, Tel. +1 760 876 6200.

Aktivitäten:

- Museum of Western Film History: mit ausführlichen Infos zu den Filmen, die in den Alabama Hills gedreht wurden, 701 S. Main Street, Lone Pine, CA 93545, Tel. +1 760 876 9909, *info@museumofwesternfilmhistory.org*, *museumofwesternfilmhistory.org.* Die Homepage enthält auch eine Self Guided Tour durch die Alabama Hills mit Kartenausschnitten und Fotos.

Website: *blm.gov/visit/alabama-hills*

26. Valley of Fire State Park: Rot wie Feuer

Seinen Namen erhielt der 186 Quadratkilometer große State Park nach den zahlreichen roten Sandsteinfelsen, die das Sonnenlicht wie Feuer reflektieren. Diese sind teilweise auch von grauen und braunen Kalksteinfelsen umgeben. Der Sandstein stammt aus der Jurazeit und bildete sich nachdem die Binnenmeere verschwanden vor etwa 150.000 Millionen Jahren aus Sanddünen.

Red Rocks

Petroglyphen der Anasazi

Schon lange vor unserer Zeit nutzen die Anasazi das Gebiet des heutigen State Parks zur Jagd und zum Sammeln von Nahrungsmitteln. Zwischen 300 v. Chr. bis 1150 n. Chr. lebten sie im nahe gelegenen Moapa Valley. Von ihrer Anwesenheit zeugen die zahlreichen Petroglyphen im gesamten Park und insbesondere in den Bereichen Mouse's Tank und Atlatl Rock.

Heute ist der Park über den Valley of Fire Highway gut erreichbar. Innerhalb des State Park führen verschiedenen Stichstraßen zu den Highlights wie Arch Rock, Atlatl Rock und White Domes. Zahlreiche Wanderungen sind möglich, allerdings sollte man die Hitze im Park nicht unter- und die eigene Fitness nicht überschätzen. Entsprechend der Lage in der Mojave Wüste können die Temperaturen im Sommer bis auf 47 Grad Celsius ansteigen.

Historische Bauten

Die außergewöhnliche Landschaft des Valley of Fire wird nicht nur für Werbeaufnahmen gerne genutzt, auch Filmcrews sind oft vor Ort. Mehrere Einstellungen für das Finale von „Viva Las Vegas" mit Elvis Presley wurden 1963 im Park gedreht. Ebenso 1990 die Mars-Szenen von „Total Recall". 1994 war James T. Kirk nicht wirklich auf dem Planeten Veridian III – auch Teile vom Film „Star Trek – Treffen der Generationen" wurden im Park aufgenommen.

INFO

Lage: Südnevada, knapp 80 Kilometer nordöstlich von Las Vegas

- Valley of Fire State Park: P.O. Box 515, Overton, NV 89040, Tel.+1 702 397 2088, *vofsp@parks.nv.gov*, *parks.nv.gov/parks/valley-of-fire*

Anfahrt: über I-15 bis Crystal und dort weiter über den Valley of Fire Highway

Eintritt: 10 USD pro Fahrzeug

Aktivitäten: Wandern, Mountainbike, Fotografieren

Campingplätze im Park:

- 2 Campgrounds mit 72 Stellplätzen, Full Hookup und Toiletten

27. Joshua Tree National Park: zwei Wüsten

Im Joshua Tree National Park treffen zwei verschiedene Wüsten-Ökosysteme aufeinander: die Mojave Desert und die Colorado Desert, wobei der Großteil des Nationalparks sich in der Übergangszone zwischen den beiden befindet.

Die Wüste lebt.

Der zur Mojave-Wüste gehörende Lebensraum befindet sich auf einer Höhe ab 900 Metern über NN in der westlichen Hälfte des Nationalparks. Hier stößt der Besucher auf die typischen Felsformationen, aber auch auf die namensgebenden Joshuabäume, auf Pinyon-Kiefern und auf zahlreiche Opuntien-Kakteen. Der Teil, der der Colorado-Wüste zugerechnet wird, liegt im Südteil des Nationalparks, jenseits des Cholla-Kaktusgartens. Bei einer Höhenlage von unter 1000 Metern ist dieses Wüstengebiet trockener und heißer. Kreosotbüsche (Chaparral) und Fouquieria-Splendens-Sträucher (Ocotillo) mit ihren roten Blüten prägen diese Landschaft. Zusätzlich blühen im Frühling, wenn die Bedingungen günstig sind, zahlreiche Wildblumen und machen aus der Wüste ein buntes Farbenmeer.

In der durch starke Winde und gelegentlich heftige Regenfälle geformten Landschaft ist eine faszinierende Vielfalt an Pflanzen und Tieren beheimatet. Auch der dunkle Nachthimmel, eine reiche Kulturgeschichte und surreale geologische Merkmale machen einen Teil der Attraktivität des Joshua Tree National Park in Südkalifornien aus.

Auf dem 3207 Quadratkilometer großen Areal des Nationalparks befinden sich nur wenige Zeichen der Zivilisation, sodass der Joshua Tree National Park, nur einige Auto-Stunden von Los Angeles entfernt, eine echte Wüstenwildnis darstellt. Jedes Jahr kommen

Millionen Besucher in den Nationalpark, um Aktivitäten wie Wandern, Camping, Fotografie und Klettern oder einfach die Ruhe der Wüstenlandschaft zu genießen. Die Hauptsaison im Joshua Tree National Park ist von Oktober bis Mai; die Sommermonate sind extrem heiß mit gefährlichen und plötzlich auftretenden Gewittern.

Seinen Namen erhielt der Nationalpark nach dem hier wachsenden Joshua Tree, der im biologischen Sinne gar kein Baum ist, sondern eine Palmlilie (Yucca). Wie viele andere Wüstenpflanzen hat er sich der trockenen Umgebung angepasst. Seine glatten, sich zur Spitze wie ein Dorn verjüngenden Blätter haben nur eine geringe Oberfläche und speichern dadurch die aufgenommene Feuchtigkeit für eine lange Zeit. Joshuabäume, deren Stämme keine Jahresringe aufweisen und deren Alter daher nur schwer einzuordnen ist, können bis zu 13 Meter hoch werden. Die Wachstumsgeschwindigkeit liegt bei nur zwei bis drei Zentimeter pro Jahr.

Joshua Tree

Entlang der südwestlichen Grenze des Nationalparks verläuft die San-Andreas-Spalte, eine Verwerfung mit hoher Erdbebenaktivität. Sie ist von mehreren Aussichtsstellen (zum Beispiel dem 1581 Meter hohen Keys View) gut sichtbar. Daneben gibt es viele kleinere Verwerfungslinien, die direkt durch den Nationalpark verlaufen.

Im nördlichen Teil des Nationalparks findet man immer wieder große attraktive Felsformationen. Diese wie wild durcheinandergewürfelt aussehenden Steinhaufen haben sich vor Tausenden von Jahren als Folge von Plattentektonik und Vulkanismus unter der Erdoberfläche gebildet. Im Laufe der Zeit wurden sie weiter

Hidden Valley

Lost Horse Mine

Fundstück im Nationalpark

nach oben geschoben, das umliegende Erdreich erodierte, die einzigartigen Granitformationen blieben zurück und sind heute ein beliebter „Spielplatz" für Kletterer und Boulderer.

Ein weiteres beliebtes Freizeitvergnügen im Park ist das Wandern. Dabei sollte man jedoch niemals außer Acht lassen, dass man sich in einer Wüste befindet. Entsprechendes Equipment und ausreichende Wasservorräte sind überlebenswichtig. Interessante Wanderungen führen zu den verschiedenen Minen im Nationalparkgebiet. So läuft man zur Lost Horse Mine rund 2,3 Kilometer. Zwischen 1894 und 1931 wurden hier 10.000 Unzen Gold und 16.000 Unzen Silber gefördert. Die Minenschächte dürfen aus Sicherheitsgründen nicht mehr betreten werden, aber historische Werkzeuge und Minengebäude sind noch vorhanden. Mit etwa zwei Kilometern ist der Trail zur Wall Street Mill etwas kürzer. In der historischen Gesteinsmühle wurde das gefundene Erz zerkleinert, um die wertvollen Edelmetalle zu isolieren. Zusätzlich zu den Maschinen, Wassertanks und Gebäuden kann man hier noch die Überreste alter Kraftfahrzeuge betrachten, die langsam vor sich hin rosten.

Empfehlenswert – für Fotografen insbesondere bei Sonnenuntergang – ist auch das gut erreichbare Hidden Valley. Da das Tal nur über einen Zugang verfügt, war es früher ein beliebtes Versteck für Viehdiebe. Bei tiefstehender Sonne leuchten die Felsen regelrecht auf und sind ein dankbares Fotomotiv.

INFO

Lage: im Süden Kaliforniens etwa 225 Kilometer östlich von Los Angeles

- Joshua Tree National Park: 74485 National Park Drive, Twentynine Palms, CA 92277, Tel.+1 760 367 5500, *nps.gov/jotr*

Anfahrt: vom I-10 über SR-62 bis Yucca Valley bzw. Twentynine Palms und von dort zu den nördlichen Parkeingängen. Den südlichen Eingang erreicht man über die I-10, Abfahrt Cottenwood Springs Road. Von dort aus sind es noch knapp drei Kilometer zum Nationalpark.

Eintritt: 30 USD je Fahrzeug oder 15 USD pro Person. Die Tickets gelten für sieben Tage.

Aktivitäten: Wandern, Klettern, Mountainbiking, Tiere beobachten, Reiten, Fotografieren, Rangerprogramme, zum Beispiel Stargazing

Campingplätze im Park:

- Black Rock: 99 Plätze, Wasser, Toiletten, Dump Station, RES
- Cottenwood: 62 Plätze, Wasser, Toiletten, Dump Station, RES
- Indian Cove: 101 Plätze, Toiletten, kein Wasser, RES
- Jumbo Rocks: 124 Plätze, Toiletten, kein Wasser, RES
- Belle: 18 Plätze, Toiletten, kein Wasser
- Hidden Valley: 44 Plätze Toiletten, kein Wasser
- Ryan: 31 Plätze, Toiletten, kein Wasser
- White Tank: 15 Plätze, Toiletten, kein Wasser

28. Mojave National Preserve: Wüstenpfade

Noch gilt die Mojave National Preserve als Geheimtipp. Jedoch gibt es derzeit Bemühungen, das 6210 Quadratkilometer große Schutzgebiet zum Nationalpark zu „befördern" und damit aufzuwerten. Auf die vielfältige und einzigartige Natur der Gegend hätte dieser bürokratische Vorgang keine weiteren Auswirkungen. Als Teil des California Desert Protection Act wurde die Mojave National Preserve 1994 gegründet. Etwa die Hälfte des Schutzgebietes ist als Wilderness deklariert. In diesem Bereich darf man wandern oder auch reiten – Motorfahrzeuge sind jedoch nicht erlaubt. Den Besucher erwarten neben den typischen Merkmalen der amerikanischen Wüsten auch Gebirgszüge, Lavafelder, Aschekegel und Sanddünen.

Kelso Dunes

Die Kelso Dunes in der Nähe der Kleinstadt Baker sind das größte Sandvorkommen in der Mojave-Wüste. Das Dünenfeld erstreckt sich über 120 Quadratkilometer und umfasst sowohl Wanderdünen als auch vegetationsstabilisierte Dünen. Sie bestehen überwiegend aus hellem Quarzsand und Feldspat, der höchstwahrscheinlich von der Granitstruktur des San-Bernardino-Gebirges im Südwesten abgetragen wurde. Wanderungen in den Dünenfeldern sind möglich, aber sehr schweißtreibend. Die höchsten Dünen ragen bis zu 200 Meter aus dem umliegenden Gelände hervor.

Höher ist der Cima Dome, eine ehemals unterirdische Magmakammer, die vor Millionen Jahren erkaltete und im Laufe der

Eingang zur Lava Tube

In der Lava Tube

Zeit freigelegt wurde. Die annähernd symmetrische Granitkuppel ragt auf einer Grundfläche von ca. 180 Quadratkilometern bis zu 460 Meter aus der umgebenden Ebene empor. Ebenfalls vulkanischen Ursprungs ist das westlich des Cima Dome gelegene Gebiet der Cima Volcanic Field and Range. Bis zu 60 erstarrte Lavaflüsse und über mehr als 40 Vulkanschlackekegel von 25 bis 155 Meter Höhe bedecken auf 150 Quadratkilometern die Mojave Desert. Ein Highlight ist auch die Lava Tube, eine Höhle, die über die Kelbaker Road und die nicht asphaltierte Aiken Mine Road erreichbar ist. Vom Parkplatz aus führt ein ca. 300 Meter langer Weg über schwarzes Vulkangestein zum Eingang der Höhle. Über eine Metalltreppe betritt man die dunkle Röhre. Obwohl zwei kleine Deckenöffnungen etwas Licht in die natürliche Höhle lassen, macht eine Taschenlampe hier durchaus Sinn, um die Lava Tube zu erforschen. Für Fotografen ist der durch die eintretenden Sonnenstrahlen gebildete „Beam" ein lohnendes Motiv. Eine in die Luft geworfene Hand voll Sand verstärkt dessen Wirkung. Die Fotos werden spektakulär.

Inmitten des Schutzgebietes, nach kilometerlanger Fahrt durch die Wüste, glaubt mancher Tourist unvermittelt eine Fata Morgana zu sehen: An der Kreuzung von Kelso Cima Road und Kelbaker Road steht auf einer sattgrünen gepflegten Wiese ein wunderschöner alter Bahnhof im Spanischen Kolonialstil. Gebaut wurde das Kelso Depot 1923, um Reisende und Eisenbahnmitarbeiter unterzubringen und zu versorgen. Außerdem waren hier

Kelso Depot

zusätzliche Dampflokomotiven stationiert, die den damals verkehrenden Zügen helfen sollten, die beträchtlichen Steigungen in den folgenden Gebirgen zu überwinden. Heute passieren nur noch wenige Züge das Kelso Depot. Das imposante Gebäude wurde 2002 aufwendig renoviert und beherbergt seit 2005 das Visitor Center der Mojave National Preserve (geöffnet Donnerstag bis Montag von 10 bis 17 Uhr).

TRAIN BULLETIN

Nº	TRAIN	DUE	REMARKS
	WESTBOUND		
19	CONTINENTAL LIMITED	10:15 A.M.	
21	GOLD COAST LIMITED	12:20 P.M.	
7	LOS ANGELES LIMITED	1:27 P.M.	
	EASTBOUND		
8	LOS ANGELES LIMITED	12:58 P.M.	
22	GOLD COAST LIMITED	3:25 P.M.	
20	CONTINENTAL LIMITED	5:00 P.M.	

Fahrplan

Die Mojave National Preserve hat noch mehr zu bieten. Zahlreiche Wanderwege aller Schwierigkeitsstufen führen zu den Geheimnissen im Hinterland, zu verlassenen Minen, zu noch mehr oder weniger sprudelnden Quellen, zu den Resten von Militärposten aus den 1860er-Jahren oder zu imposanten Naturschauspielen. So bietet die Wüste im Bereich der Cima Road den idealen Lebensraum für die weltweit größte Konzentration von Joshua Trees. Auch, wenn man es angesichts von Temperaturen von bis zu 40 Grad Celsius kaum glauben mag, leben doch zahlreiche Säugetiere in der Mojave Desert. Die widerstandsfähigen Dickhornschafe fühlen sich im felsigen Terrain der Bergregionen wohl, während die Jack Rabbits mit ihren langen Ohren und Beinen, die anpassungsfähigen Kojoten sowie die flinken Fledermäuse die Hitze des Tages meiden und eher nachtaktiv sind.

Rings Trail

INFO

Lage: im Süden Kaliforniens, ca. 150 Kilometer südlich von Las Vegas und ca. 300 Kilometer östlich von Los Angeles

- Mojave National Preserve: 2701 Barstow Road, Barstow, CA 92311, Tel. +1 760 252 6100, *nps.gov/moja*

Anfahrt: Die Mojave National Preserve grenzt im Norden an den I-15 und im Süden an den I-40 und kann daher von beiden Interstates gut angefahren werden.

Eintritt: frei

Aktivitäten: Wandern, Backpacking, Klettern, Mountainbiking, Reiten, Fotografieren, Rangerprogramme

Campingplätze im Mojave National Preserve:

- Hole in The Wall: 35 Plätze, Wasser, Toiletten
- Mid Hills: 26 Plätze, Toiletten, Zufahrt unbefestigt

29. Amboy: The Ghost Town that ain't dead yet

Die Geschichte des Wüstenörtchens Amboy ist schnell erzählt. Mit der Eröffnung der Route 66, die durch Amboy führt, lebte der bereits 1883 gegründete Ort regelrecht auf und wurde zu einem wichtigen Tank- und Rastplatz für die Reisenden. 1938 eröffnete das legendäre Roy's erst als Tankstelle, später zusätzlich als Motel & Cafe. 65 Einwohner lebten 1940 in Amboy. Roy's 1959 errichtetes Werbeschild wurde zu einem weltweit berühmten Wahrzeichen der Mother Road.

Mit dem Bau des Interstate 40, dessen Trasse fast 20 Kilometer nördlich von Amboy angelegt wurde, und dem Niedergang der Route 66, ging es auch mit der Ortschaft abwärts. Die Touristen blieben aus, die dadurch arbeitslosen Bewohner zogen weg. 2003 ging der Name Amboy nochmals durch die Medien: Die letzten sieben Einwohner versuchten den kompletten Ort über eine weltweite Internetplattform zu versteigern, jedoch ohne Erfolg. Schließlich kaufte der Inhaber der Restaurantkette „Juan Pollo" den kompletten Ort für 425.000 Dollar. Roy's konnte 2008 wieder eröffnet werden. Doch die Renovierungskosten stiegen ins Uferlose. Hotel und Restaurant mussten wegen mangelhafter Wasserversorgung wieder geschlossen werden. Heute gilt Amboy als „the Ghost Town that ain't dead yet!"

Kaffeepause?

Etwa vier Kilometer südwestlich von Amboy, unweit der historischen Route 66, liegt der Amboy Crater, ein rund 80.000 Jahre alter Vulkan, der vor

Das legendäre Sign

etwa 10.000 Jahren zum letzten Mal ausgebrochen ist. Vom Parkplatz mit Picknicktischen und Toiletten führt ein markierter Weg zu einer Bruchstelle in der Westflanke, über die vor langer Zeit die Lava abfloss. Von hier aus kann man in den Trichter hinein wandern oder den eigentlichen 76 Meter hohen Kraterrand erklimmen. Die Aussicht von ganz oben ist beeindruckend. Man sieht den ausgetrockneten Bristol Dry Lake, einen 42 Kilometer langen erkalteten Lavastrom, und die Marble Mountains. Die Autos auf der Route 66, aber auch die Züge der parallel verlaufenden Bahnstrecke sehen vom Kraterrand aus so winzig aus, als würden sie Teil einer Modelleisenbahn sein.

Der Amboy Crater

INFO

Lage: Wer die legendäre Route 66 fährt, kommt unweigerlich auf etwa halbem Weg zwischen Barstow und Needles an Amboy vorbei.

Hinweise:

- Wie der Ort heute aussieht, zeigt das Video eines Radio Senders: *amboyroute66.com*
- Touristische Infos zum Ort: *rt66roys.com*
- Informationen zum Amboy Crater: *blm.gov/visit/amboy-crater*

30. Salton Sea, Slab City, Salvation Mountain: Entdeckungen in „the Middle of Nowhere"

Im tiefen Süden Kaliforniens gibt es außergewöhnliche Gegenden. Hier liegt zum Beispiel Salton Sea, ein Gewässer, das nach einem Dammbruch im Jahr 1905 entstand. Da man fast zwei Jahre brauchte, um den auf 800 Meter geborstenen Damm wieder instand zu setzen, floss in dieser Zeit fast das gesamte Wasser des Colorado River in das Imperial Valley. Es entstand ein bis zu 70 Kilometer langer und bis zu 30 Kilometer breiter See, der größte See Kaliforniens.

Salton Sea

Mit der Zeit wurden in dem neuen Gewässer Fische heimisch, Zugvögel nutzten die Ufer als Rastplatz, und die Kalifornier entdeckten den See als Ausflugsziel. Der Tourismus boomte, Siedlungen entstanden, Sportboothäfen sowie Hotels wurden gebaut. Das alles tat der Wasserqualität des Sees, der über keinen Abfluss verfügt, nicht gut. Der Salzgehalt stieg rapide. Hinzu kamen die mit Düngemittel versetzten Abwässer aus der Landwirtschaft. Irgendwann kippte der See. Tote Fische wurden angeschwemmt, Vögel starben. Der Salton See war tot und die Erholung suchenden Menschen blieben aus. Die Häuser, Hotels und Freizeitanlagen blieben leer und verrotteten. Heute versucht man mit einem enormen finanziellen Aufwand den See wieder zu renaturieren und damit zu retten. Eine zweite Chance hat er bestimmt verdient.

Etwa zehn Kilometer östlich des Salton Sea liegt in der Sonora-Wüste Slab City, eine „Stadt" der Aussteiger. Seinen Namen ver-

dankt der Ort dem ehemaligen Militärcamp, dessen Betonplatten (Slabs) nach dem Abzug liegengelassen wurden. In den Sommermonaten, wenn die Temperaturen auf bis über 45 Grad Celsius ansteigen, leben hier nur wenige „Slabber". Wenn es dann aber kühler wird, kommen einige Tausend Althippies, Aussteiger und/oder Sozialhilfeempfänger mit ihren teilweise obskuren Freizeitfahrzeugen aus allen Teilen der USA angereist, um hier preiswert und ohne jeglichen Komfort zu überwintern. Man musiziert zusammen, bastelt an den Fahrzeugen und lebt in den Tag hinein. In Slab City gibt es weder eine offizielle Strom- und Wasserversorgung noch eine Abwasser- und Müllentsorgung. Für die Stromerzeugung kommen teilweise Generatoren oder Sonnenkollektoren zum Einsatz.

Salvation Mountain

Ganz ohne Strom- und Wasserversorgung wollte auch der 2014 im Alter von 82 Jahren verstorbene Leonard Knight leben. Der gottesfürchtige Künstler hauste etwas außerhalb von Slab City in einem von ihm gestalteten 1930er Chevrolet Truck. Hier arbeitete er seit 1984 am farbenfrohen Salvation Mountain, einem Kunstobjekt, das

Werbung in Slab City

Army-Gebäude, zivil genutzt

er aus Lehm, Stroh und Unmengen bleifreier bunter Farbe schuf. Das begehbare Werk umfasst zahlreiche Wandgemälde und Bereiche, die mit christlichen Sprüchen und Bibelversen bemalt sind, obwohl seine Lebensphilosophie auf dem „Gebet des Sünders" basierte. „God is Love" – Gott und die Liebe standen immer im Mittelpunkt seines künstlerischen Schaffens. Erst spät bekam Leonard Knight für sein Lebenswerk die verdiente Bestätigung. Die Folk Art Society of America erklärte es im Jahr 2000 zu einer „Volkskunststätte, die es wert ist, bewahrt und geschützt zu werden". In einer Ansprache vor dem Kongress der Vereinigten Staaten 2002 beschrieb die kalifornische Senatorin Barbara Boxer den Salvation Mountain als „eine einzigartige und visionäre Skulptur [...] einen nationalen Schatz [...], der internationale Anerkennung verdiene".

INFO

Lage: Der Salton Sea liegt im südlichen Kalifornien etwa 70 Kilometer südlich von Palm Springs.

- Salton Sea State Recreation Visitor Center: 100-255 State Park Road, Mecca, CA 92254, Tel.+1 760 393 3810, *parks.ca.gov/?page_id=639*

Anfahrt: Slab City und den Salvation Mountain erreicht man über die am Ostufer des Sees verlaufende SR-111. In der Ortschaft Niland verlässt man die SR-111 in östlicher Richtung. Nach etwa fünf Kilometern auf der Beal Road erreicht man den unübersehbaren Salvation Mountain

Im Land der roten Felsen: Südlicher Teil

Hickman Bridge, Capitol Reef National Park

Im Land der roten Felsen: Südlicher Teil

31. Grand Canyon National Park (South Rim): unglaubliche Weiten
32. Grand Canyon National Park (North Rim): ruhiger, aber nicht weniger eindrucksvoll
33. Phantom Ranch: ganz tief unten
34. Colorado River: nasse Abenteuer
35. Route 66: die legendäre Mother Road
36. Zion National Park: Utahs erster Nationalpark
37. Angels Landing: Nervenkitzel inklusive
38. The Narrows: nasse Füße garantiert
39. The Wave: „Das ist die perfekte Welle!"

UTAH
NEVADA
Zion Nationalpark
Zion Lodge
37
38
36
DO
39
34
St George
34
Las Vegas
KALIFORNIEN
Henderson
35
Flagstaff
Albuquerque
Lancaster
Lake Havasu City
35
ARIZONA
NEW MEXICO
Los Angeles
Riverside
Phoenix
Oceanside
San Diego
Mexicali
Tijuana
San Luis Río Colorado
Tucson
Las Cruces
Ensenada
Juáre:
Puerto Peñasco
Heroica Nogales
Agua Prieta
Ascensión
Heroica Caborca
Magdalena De Kino
Nacozari De García
Ryan
MEXIKO
Cane
Bitter Springs
32
Grand Canyon Nationalpark
The Gap
33
Supai
31
Desert View
Tusayan
Golf von Kalifornien

31. Grand Canyon National Park (South Rim): unglaubliche Weiten

Die riesige Schlucht im Norden Arizonas zählt zu den bekanntesten Naturwundern der Erde und wird Jahr für Jahr von Millionen Menschen besucht. Damit zählt der Grand Canyon zu den beliebtesten Reisezielen in Nordamerika.

Im Rekordjahr 2016 verzeichnete der Nationalpark sogar mehr als sechs Millionen Gäste. Diese verteilen sich im Verhältnis von etwa neun zu eins auf South und North Rim. Es gibt wohl keinen Touristen, der nicht bei seinem ersten Besuch an der Kante des Grand Canyon von der unglaublichen Größe und dem grandiosen

Atemberaubender Blick von der South Rim

Farbenspiel beeindruckt ist. Die Ausmaße der etwa 450 Kilometer langen Schlucht, die der Colorado River über Jahrmillionen in die Gesteinsschichten des Colorado Plateau gegraben hat, sind wahrhaft gigantisch. Rund 350 Kilometer des mächtigen Canyons, der an der Oberkante zwischen sechs und 30 Kilometer breit und bis zu 1800 Meter tief ist, liegen innerhalb der Nationalparkgrenzen. Für Geologen und interessierte Touristen präsentiert sich der Grand Canyon als offenes Buch. Seine von der Erosion geschaffenen Seitenwände gewähren einen der vollständigsten Einblicke in die zahlreichen Erdschichten, die sich vor vielen Millionen von Jahren gebildet haben. Wissenschaftler zählten bis zu 40 verschiedene Gesteinsschichten, darunter terrestrische und Ablagerungen marinen Ursprungs, aber auch Dünensedimente, Lava und Asche.

Watchtower

Zum Ende des 19. Jahrhunderts wurde der Grand Canyon für den Tourismus erschlossen. Ab 1901 konnte man ihn mit der Eisenbahn erreichen – ein Boom begann. Seit dem 1919 gibt es den Grand Canyon National Park, der nach seiner letzten Erweiterung 1975 etwa 4900 Quadratkilometer groß ist. Zum UNESCO-Weltnaturerbe gehört der Grand Canyon seit 1979.

Speziell in der Hochsaison ist die South Rim oft überlaufen. An den Einfahrten bilden sich lange Schlangen, freie Parkplätze sind nur schwer zu finden, und an den Aussichtspunkt herrscht reges Gewusel. Dagegen geht es an der North Rim deutlich beschaulicher zu. Gemeinsam haben beide Bereiche ein Problem mit der Anzahl der Unterkünfte. Hotels und Campingplätze innerhalb des Nationalparks sind oft ausgebucht. Daher ist es unbedingt ratsam, frühzeitig zu reservieren.

Bright Angel Trail

Zu den Sehenswürdigkeiten zählen neben der eigentlichen Schlucht das 1904 fertiggestellte Hopi House, in dem heute Kunstgewerbe im Stil der Ureinwohner angeboten wird, die Tusayan Ruins, Überreste eines ca. 800 Jahre alten Pueblos, der 1932 erbaute Desert View Watchtower mit einem herrlichen Blick in die Schlucht, das beeindruckende El Tovar Hotel von 1905 sowie verschiedene historische Gebäude. Alle Highlights sind, wie auch die Aussichtspunkte an der Kante der Schlucht, mit den kostenlosen Bussen des NPS gut zu erreichen.

Mehrere Wege führen in das Innere der Schlucht. Der beliebteste ist sicherlich der Bright Angel Trail, der über die Oase Indian Gardens (7,4 Kilometer) bis zur Phantom Ranch (15,4 Kilometer) am

Colorado River führt. Der Vorteil dieser Strecke sind mehrere Wasserstellen am Wegesrand. Diese fehlen am South Kaibab Trail, über den man die Phantom Ranch schon nach 11,8 Kilometern erreicht. Dieser Weg ist kürzer, aber auch steiler. Eine gute Kondition und entsprechende Vorbereitung sind Voraussetzungen für jeden Trip in den Canyon.

Squirrel

Egal, ob man sein einsames Inneres erwandert oder „nur" an der Rim spazieren geht und die Aussicht bewundert, ob man einen Rundflug, eine Bootstour auf dem Colorado oder einen Maultier-Ausritt unternimmt, alles in allem präsentiert sich der Grand Canyon National Park als ein sehenswertes Urlaubsziel. Zu jeder Jahreszeit, sogar zu den unterschiedlichen Tageszeiten, zeigt sich die monumentale Schlucht in einer anderen, aber immer eindrucksvollen Schönheit.

INFO

Lage: im Norden von Arizona, etwa 100 Kilometer nördlich von Flagstaff

- Grand Canyon National Park: PO Box 129, 86023 Grand Canyon, Tel. +1 928 638 7888, *nps.gov/grca*

Anfahrt: bis Williams auf I-40, dann über SR-64 nach Norden bis Tusayan bzw. zum Parkeingang

Eintritt: 30 USD je Fahrzeug oder 15 USD je Radfahrer/Fußgänger. Die Tickets gelten für sieben Tage sowohl für die South- als auch für die North Rim.

Aktivitäten: Wandern, Radfahren, Reiten, Fotografieren, Rundflüge

Campingplätze im Park:

- Mother: 329 Plätze, gzj., Toiletten, Duschen, Reservierung über Tel. +1 877 444 6777 oder *recreation.gov*
- Trailer Village: 84 Plätze. Mai bis Okt, Hookups, Reservierung über *visitgrandcanyon.com*
- Desert View: 50 Plätze, Apr bis Okt, Toiletten

32. Grand Canyon National Park (North Rim): ruhiger, aber nicht weniger eindrucksvoll

Den Nationalpark kann man grob in drei Bereiche einteilen, die South Rim, die North Rim und das nur wenig erschlossene riesige Innere der Schlucht, den Inner Canyon.

Grand Canyon North Rim

Der Unterschied zwischen South Rim und North Rim ist gewaltig. Der nördliche Teil liegt bis zu 300 Meter höher, daraus resultiert ein völlig anderes Klima. Wegen des starken Schneefalls sind die Einrichtungen an der North Rim von Mitte Oktober bis Mitte Mai geschlossen. Im Süden ist Schnee eher selten. Nur rund zehn Prozent der jährlich bis zu sechs Millionen Grand Canyon Besucher fahren zur North Rim. Ein Grund dafür mag die bedeutend kürzere Reisesaison zu sein. Dabei hat der nördliche Teil allerhand zu bieten und ist mindestens genauso eindrucksvoll und schön wie die South Rim – aber anders.

Das Klima an der North Rim unterscheidet sich gewaltig von dem auf der anderen Seite oder im Inner Canyon. Die Niederschläge sind hier, auf durchschnittlich 2400 Meter Höhe, bedeutend stärker, und auch die Temperaturunterschiede zwischen den Jahreszeiten sind größer. Dadurch ist die Erosion ausgeprägter, der Canyon Rand zerklüfteter als an der South Rim.

Auch die Flora an der North Rim wurde vom Klima geprägt. Ausgedehnte Kiefernwälder und sattgrüne Wiesen empfangen den Besucher und erinnern an eine Fahrt durch den heimischen Schwarzwald. Aber die gelben Mittelstreifen auf der Straße und die Büffel, die in den Morgen- und Abendstunden auf den Wiesen grasen, sind Realität.

Die Lage am heutigen Bright Angel Point, einer Landzunge zwischen dem Roaring Springs Canyon und einer weiteren Seitenschlucht mit Namen The Transept war und ist perfekt. Hier erbaute der Architekt Gilbert S. Underwood von 1927 bis 1928 für eine Tochtergesellschaft der Union Pacific Railroad die Grand Canyon Lodge. Erst 1917, also rund 30 Jahre nach der South Rim, war auch die nördliche Kante des Grand Canyon touristisch erschlossen worden.

Grand Canyon Lodge

Neben dem U-förmig angelegten Haupthaus der Lodge entstanden damals schon 20 Luxus und 100 Standard Cabins. Beim Bau der Lodge und auch bei den Cabins wurden vornehmlich der regionale Kaibab-Sandstein und hier wachsende Ponderosa-Kiefern verwendet. Das Mauerwerk gestaltet Underwood derart, dass es an der Schluchtkante teilweise wie natürlicher Fels wirkt.

Jeder, der die North Rim des Grand Canyon besucht, sollte auch den Cape Royal Scenic Drive abfahren. Vorbei an zahlreichen spektakulären Aussichtspunkten führt die Cape Royal Road. Der Walhalla Overlook gewährt nicht nur einen Blick in das Innere der Schlucht – auf der gegenüberliegenden Straßenseite führt ein kurzer Weg zu den Ruinen eines Pueblos, das von den Anasazi etwa zwischen 1050 und 1150 bewohnt war. Nach insgesamt elf Meilen auf dem Scenic Drive ist das Ende der Straße und damit der Parkplatz (mit Toiletten) von Cape Royal erreicht. Ein 700 Meter langer asphaltierter Weg führt zuerst zum Angels Window und dann weiter zum Cape Royal. Das Window ist ein von der Erosion geschaffenes großes „Fenster" im Kaibab-Sandstein-Grat, auf dem ein schmaler Fußweg zu einem empfehlenswerten Aussichtspunkt mit Blick auf

Auch von Norden aus beeindruckend

den Colorado River führt. Cape Royal ist der südlichste Overlook an der North Rim und bietet ein gigantisches 270-Grad-Panorama. Wegen der tollen Aussicht wird Cape Royal auch gerne für Hochzeitszeremonien genutzt. Hierfür ist allerdings eine Genehmigung des NPS erforderlich.

North und South Rim des Grand Canyon sind etwa 16 Kilometer Luftlinie voneinander entfernt. Wanderer müssen zwischen den beiden oberen Kanten der Schlucht rund 34 Kilometer zurücklegen und sollten dafür mindestens zwei Tage einplanen (Empfehlung des NPS). Mit dem Auto dauert die Fahrt zwischen der South und North Rim um die fünf Stunden, und man fährt dabei eine Strecke von 354 Kilometer. Von den Ortschaften Page, AZ (132 Meilen/212 Kilometer) oder Kanab, UT (85 Meilen/137 Kilometer) erreicht man die North Rim über den US-89A und biegt dann bei Jacob Lake für die letzten 43 Meilen/70 Kilometer auf SR-67 ab. Diese Zufahrt ab Jacob Lake kann zwischen November und Mitte Mai gesperrt sein. Von Mai bis November wird zwischen der South und North Rim ein Shuttlebus eingesetzt. Eine Reservierung ist unbedingt erforderlich.

INFO

Lage: im Norden von Arizona, etwa 150 Kilometer nördlich von Flagstaff

- Grand Canyon National Park: PO Box 129, 86023 Grand Canyon, Tel. +1 928 638 7888, *nps.gov/grca*

Anfahrt: von Kanab oder Page aus über den US-89A bis Jacob Lake und von dort auf SR-67 bis zum Parkeingang

Eintritt: 30 USD je Fahrzeug oder 15 USD je Radfahrer/Fußgänger. Die Tickets gelten für sieben Tage sowohl für die South- als auch für die North Rim.

Aktivitäten: Wandern, Radfahren, Reiten, Fotografieren, Rundflüge

Campingplätze im Park:

- North Rim: 78 Plätze, Mai bis Okt, Toiletten, Duschen, Reservierung über Tel. +1 877 444 6777 oder *recreation.gov*

33. Phantom Ranch: ganz tief unten

Für jeden, der den inneren Grand Canyon erkunden will, ist die Phantom Ranch tief unten in der Schlucht, in unmittelbarer Nähe zum Colorado River, wie ein kleines Paradies. Es gibt hier kalte Getränke, etwas zu essen und sogar ein Bett oder einen Platz, um sein Zelt aufzubauen.

Tief unten im Canyon

Vorausgesetzt, man hat frühzeitig reserviert. Denn der Platz ist begrenzt. Hier unten treffen die Wanderer, die den 23 Kilometer langen North Kaibab Trail von der North Rim aus gegangen sind, auf ihre Kollegen aus dem Süden, die über den Bright Angel bzw. South Kaibab Trail gelaufen sind. Hinzu kommen die Besucher, die den Weg im Rahmen einer geführten Tour auf dem Rücken von Mulis zurückgelegt haben. Sie erkennt man nach dem fünfstündigen, anstrengenden Ritt an ihrem etwas „gequälten" Gang.

Phantom Ranch 1922

Die Phantom Ranch wurde 1922 mit enormem Aufwand tief unten im Grand Canyon erbaut. Alle Baumaterialien, mit Ausnahme der reichlich vorhandenen Steine, mussten von Maultieren an den abgelegenen Platz am Bright Angel Creek transportiert werden. Bis heute hat sich die Phantom Ranch ihren urigen rustikalen Stil erhalten. Sie liegt auf einer Höhe von rund 750 Metern und damit 1500 Meter tiefer als die South Rim und 1800 Meter tiefer als die North Rim. Entsprechend unterschiedlich ist auch das Klima. So wurden hier in den Monaten Juni, Juli und August schon extreme Temperaturen von bis zu 49 Grad Celsius gemessen. Es ist sinnvoll, sich vor dem Abstieg beim NPS Backcountry Information Center über die aktuellen Gegebenheiten zu informieren.

Die einzigen Zugangsmöglichkeiten zur Ranch sind Wanderwege (die auch von Maultieren genutzt werden) oder mit dem Boot auf dem Colorado River. Der North Kaibab Trail führt 23 Kilometer bis

Übernachtungsort für müde Wanderer

zum North Rim. Der 15 Kilometer lange Pfad zur South Rim folgt dem River Trail für drei Kilometer und steigt dann über den Bright Angel Trail zum Grand Canyon Village hinauf. Die beiden Trail-Brücken in der Nähe der Ranch, die Silver Bridge und die Black Bridge, sind die einzigen Überquerungen des Colorado River in einem Umkreis von mehreren Hundert Kilometern.

Auf dem Gelände der Ranch befinden sich neben der eigentlichen Lodge auch Cabins, Schlafsäle für Männer und Frauen, die Canteen (Restaurant), ein Maultierstall, eine Rettungsstation, der Bright Angel Campground und ein Hubschrauberlandeplatz. Die Cabins sind von unterschiedlicher Größe und für zwei bis zehn Personen ausgelegt. Sie sind mit fließendem Wasser (kalt) und einer Toilette ausgestattet. Handtücher, Bettwäsche und Seife werden gestellt. Duschen und warmes Wasser gibt es in einem zentralen Badehaus. Darüber hinaus kann man in jeweils zwei Schlafsälen für Männer und Frauen übernachten. Jeder Schlafsaal verfügt über fünf Etagenbetten, eine Dusche und eine Toilette. Bettwäsche und Handtücher sind auch hier für jeden Gast vorhanden. Kinder müssen mindestens sechs Jahre alt sein, um in einem der Schlafsäle übernachten zu dürfen.

2019 wurde ein neues Lotteriesystem installiert, um dem Ansturm auf die wenigen Übernachtungsplätze fair und gerecht zu werden. Anträge müssen nun frühzeitig online (*grandcanyonlodges.com*) und zwar zwischen dem 1. und 25. des 15. Monats (!!!) vor dem gewünschten Aufenthaltsmonat eingereicht werden. Im folgenden Monat bearbeiten die Mitarbeiter die Anträge und informieren dann die Gewinner der Lotterie. Ein wenig Glück gehört also weiterhin dazu. Nicht vergebene Termine können dann ab zwölf Monate vor der Reise online frei gebucht werden.

Das Restaurant der Phantom Ranch kann auch von den Nutzern des Bright Angel Campground besucht werden. Jedoch müssen auch alle gewünschten Mahlzeiten frühzeitig reserviert werden (Tel. +1 303 297 2757).

Der Bright Angel Campground ist nur knapp 800 Meter von der Phantom Ranch entfernt und verfügt über 32 Zeltplätze. Es gibt eine Ranger Station, Toiletten und ganzjährig Trinkwasser. Da auch der Campground sehr beliebt ist, empfiehlt es sich frühzeitig zu reservieren: Grand Canyon National Park Backcountry Reservation Office: PO Box 129, Grand Canyon, AZ 86023 oder per Fax: +1 928 638 2125

Übrigens, Briefe und Postkarten, die von der Phantom Ranch aus abgeschickt werden, erhalten den sehr dekorativen Stempel „Mailed by Mule from the Bottom of the Grand Canyon".

INFO

Hinweis: Der Ansturm auf die Phantom Ranch als Übernachtungsplatz tief unten im Grand Canyon ist groß. Aufenthalte sollten daher frühzeitig reserviert werden.

- *grandcanyonlodges.com/lodging/phantom-ranch*
- *nps.gov/grca/learn/photosmultimedia/grand-canyon-in-depth-03.htm*

34. Colorado River: nasse Abenteuer

Der 2330 Meter lange Fluss entspringt im Rocky Mountain National Park und fließt südwestlich über das Colorado Plateau und durch den Grand Canyon, bevor er den Lake Mead an der Grenze zwischen Arizona und Nevada erreicht. Hier biegt er nach Süden zur mexikanischen Grenze ab. Wegen der extremen Wasserentnahme, aber auch aufgrund der starken Verdunstung bleibt von dem einstmals mächtigen Strom hier nur noch ein kleines Rinnsal übrig, das im Colorado River Delta in den Golf von Kalifornien mündet.

Rafting-Abenteuer auf dem Colorado

Nicht nur an der Gestaltung der 450 Kilometer langen Grand-Canyon-Schlucht war der Colorado maßgeblich beteiligt, der Fluss dient auch in seinem über 600.000 Quadratkilometer großen Einzugsgebiet der Wasserversorgung der Landwirtschaft und etwa 40 Millionen Menschen als Lieferant für Trinkwasser und Elektrizität.

Zusammen mit seinen zahlreichen Nebenflüssen ist der Colorado River für imposante Canyons und rasante Wildwasser-Stromschnellen bekannt. Nachdem das Rafting in den 1950er-Jahren in den Vereinigten Staaten populär wurde, avisierte der Colorado River rasch zu einem der beliebtesten Wildwasserflüsse der USA. Professionelle

Der Little Colorado mündet in den Colorado River.

Anbieter bieten seitdem gut organisierte All-inclusive-Touren mit einer Dauer von wenigen Stunden bis zu 14 Tagen an. Sie beinhalten die Begleitung durch einen oder zwei Guides, Verpflegung und die Übernachtung in Zelten.

Allein im Bereich des Grand Canyon stürzen sich heute Jahr für Jahr über 22.000 Menschen in ein feuchtfröhliches Rafting. Die Touren beginnen im Allgemeinen bei Lees Ferry und enden bei Diamond Creek oder am Lake Mead. Der Cataract Canyon in Utah und viele Zuflüsse im Oberlauf sind noch stärker frequentiert als der Grand Canyon. So befahren etwa 60.000 Touristen jährlich die 7,2 Kilometer lange Wildwasserstrecke bei Radium in Colorado. Hier am Oberlauf des Colorado befinden sich auch die schwierigsten Stellen des Flusses wie zum Beispiel die Stromschnellen im Gore Canyon, die als so gefährlich angesehen werden, dass „Bootfahren nicht empfohlen wird“. Ein anderer Abschnitt des Flusses oberhalb von Moab, der als Fisher Towers Section bekannt ist, ist mit bis zu 80.000 Raftern das meistbesuchte Wildwasser in Utah.

INFO

Die folgenden überregionalen Anbieter veranstalten Raftingtouren in den verschiedenen Bereichen. Die meist nur in den Sommermonaten angebotenen Touren müssen unbedingt weit im Voraus reserviert werden!

- Aramark Wilderness River Adventure: PO Box 717, Page, AZ 86040, Tel. +1 928 645 3296, *info@riveradventures.com*, *riveradventures.com*
- Arizona River Runners Inc.: PO Box 47788, Phoenix 85068, Tel. +1 602 867 4866, *info@raftarizona.com*, *raftarizona.com*
- Canyon Explorations: 675 W Clay Avenue, Flagstaff, AZ 86002, Tel. +1 928 774 4559, *canyonexplorations.com*, *rivertrips@canyonexplorations.com*
- Canyoneers Inc.: PO Box 2997, Flagstaff, AZ 8600, Tel. +1 928 526 0924, *canyoneers.com*
- Colorado River & Trail Expeditions: PO Box 57575, Salt Lake City, Tel. +1 801 261 1789, *crate@crateinc.com*, *crateinc.com*

35. Route 66: Die legendäre Mother Road

If you ever plan to motor west,
Travel my way, take the highway that is best.
Get your kicks on Route sixty-six.

It winds from Chicago to LA,
More than two thousand miles all the way.
Get your kicks on Route sixty-six.

Now you go through Saint Looey
Joplin, Missouri
Oklahoma City looks mighty pretty
You'll see Amarillo

Gallup, New Mexico
Flagstaff, Arizona, don't forget Winona
Kingman, Barstow, San Bernardino.

Won't you get hip to this timely tip
When you make that California trip?

Den 1946 von Bobby Troup geschriebenen Bluessong hat Nat King Cole als Erster gesungen. Ihm folgten im Laufe der Jahre Bing Crosby, Chuck Berry, Depeche Mode und sogar die Rolling Stones – sie alle setzten mit ihrer Interpretation der legendären Mother Road ein nachhaltiges Denkmal. Über 3940 Kilometer führte die auch Main Street of America genannte Fernstraße ab 1926 von Chicago aus quer durch die USA bis nach Los Angeles an der Pazifikküste.

Barber Shop in Seligman

Ihre Blütezeit hatte die Route 66 in den 1930er-Jahren während des Dust Bowl. Abertausende, nach mehreren Dürrejahren und der Depression hoch verschuldete Farmer nutzen damals die Straße, um in das gelobte Land, um nach Kalifornien auszuwandern. John Steinbeck verarbeitete das ganze Drama der sogenannten „Okies" in seinem 1939 erschienenen und mit dem Pulitzer-Preis ausgezeichneten Roman „Die Früchte des Zorns".

Bis in die 1960er-Jahre hinein war die Route 66 eine der wichtigsten Ost-West-Verbindungen der USA. Erst mit dem Bau der mehrspurigen und kreuzungsfreien Interstates versank die Route 66 als Fernstraße in die Bedeutungslosigkeit. Was blieb, ist eine Touristenattraktion.

Die heute noch bestehenden Teilstücke der Straße und die noch existierenden historischen Gebäude haben nicht nur bei den 66-Fans einen regelrechten Kultstatus erreicht. Dies gilt insbesondere für die Abschnitte von Arizona bis Kalifornien. Das sehenswerte Wigwam Motel in Holbrook ist so ein Beispiel. Nachdem es 1974 geschlossen wurde, kann man heute wieder in den originalen Beton-Wigwams übernachten. Ausgestattet mit TV, Klimaanlage, Dusche, WC und größtenteils noch mit dem historischen Mobiliar, vermitteln sie den Reisenden noch heute den Flair der alten Route 66.

Wigwam Motel in Holbrook

Oder der pittoreske General Store in Hackberry. Der Laden, in dem neben kalten Getränken und Eis auch Souvenirs aller Art angeboten werden, vereint ein Sammelsurium der verschiedensten Route-66-Artefakte: Oldtimer, alte Straßen- und Werbeschilder, Zapfsäulen, Automaten und vieles andere mehr aus der guten alten Zeit. Und bei jedem Besuch findet man wieder etwas, was man vorher noch nicht gesehen hat. Nur das herrliche rote Corvette Cabriolet aus dem Jahr 1956, das über Jahre das Markenzeichen des Hackberry General Store war, hat inzwischen einen Liebhaber gefunden.

Legendär ist auch die kurvige Strecke zwischen Kingman und Oatman die noch weitestgehend im Originalzustand sein soll. Angeblich sind hier früher die Ford T-Modelle rückwärts die Steigungen zum 1093 Meter hohen Sitgreaves Pass gefahren, weil der Rückwärtsgang kürzer übersetzt war. In der ehemaligen Goldgräberstadt Oatman steht noch das Hotel, in dem die Schauspieler Clark Gable und Carole Lombard 1939 fernab des Hollywood Trubels ihre Flitterwochen verbrachten. Die Gable and Lombard Suite kann auch heute noch gebucht werden. Heute kommt es immer wieder vor, dass die wilden Esel, die in der Gegend leben, die Route 66 blockieren. Aber wer hier entlang fährt hat meistens Zeit.

Huckberry General Store

INFO

Websites:

- Route 66 Association: *historic66.com*
- National Historic Route 66 Federation: *national66.org*
- California Historic Route 66 Association: *route66ca.org*
- Route 66 Germany: *route66.club*
- Wigwam Motel in Holbrook: *sleepinawigwam.com*
- Hackberry Store: *theroute-66.com/hackberry.html#general-store*

36. Zion National Park: Utahs erster Nationalpark

Mit einer Größe von knapp unter 600 Quadratkilometern liegt der Zion National Park, auf die Fläche bezogen, nur im Mittelfeld der insgesamt 60 US-Nationalparks. Geht man aber von den Besucherzahlen aus, dann hat sich der beliebte Park 2017 mit 4,5 Millionen Touristen auf dem dritten Platz hinter den Nationalparks Great Smoky Mountains (11,3 Millionen) und Grand Canyon (6,2 Millionen) etabliert.

Atemberaubende Ausblicke

Das tief im Südwesten des Bundesstaates Utah liegende Schutzgebiet, etwa dort, wo Colorado Plateau, Great Basin und Mojave Desert aufeinandertreffen, bekam 1919 den Nationalpark-Status zugesprochen. Schon vorher, seit 1909, war das Kerngebiet als Mukuntuweap National Monument geschützt.

Als Durchgangsstraße quert die Utah State Route 9, auch Zion – Mount Carmel Highway genannt, den Park von Springdale bis zum östlichen Parkausgang. Die Straße ist normalerweise ganzjährig geöffnet und befahrbar. In der Hochsaison für private Fahrzeuge gesperrt ist dagegen der Zion Canyon Scenic Drive, der zu den

Sehenswürdigkeiten des Zion Canyon führt. Seit dem Jahr 2000 setzt die Parkverwaltung in diesem Bereich aber kostenlose Shuttlebusse ein, die die Besucher vom Visitor Center aus über acht Haltestellen zu den touristischen Highlights entlang des Zion Canyon Scenic Drive fahren.

Im Park fährt man mit Gas.

Die im Park lebenden Wildtiere tragen viel zur Attraktivität des Zion National Park bei. Bis zu 290 Vogelarten, 68 verschiedene Säugetiere, vom drolligen Chipmunk bis zum mächtigen Maultierhirsch (darunter auch 19 Fledermausarten) und 37 Reptilien- und Amphibienarten sind in den vier Lebenszonen des Parks heimisch, aber wegen der starken Sommerhitze oft hauptsächlich in der Nacht aktiv. Wildtiere zu füttern verstößt gegen die US-Gesetze und kann verheerende Folgen haben, die sogar bis zum qualvollen Tod des jeweiligen Tieres führen können.

Die Besucher strömen nicht zuletzt wegen der spektakulären und nicht immer ganz ungefährlichen Wanderungen in den Park wie zum Beispiel auf die Plattform von Angels Landing mit der atemberaubenden Aussicht auf den Zion Canyon, durch die einmaligen Narrows des Virgin River oder zur pittoresken Subway im Hinterland. 240 Kilometer angelegte Wanderwege aller Schwierigkeitsgrade durchziehen den beliebten Nationalpark. Die Trailheads im vom Virgin River durchflossenen Zion Canyon werden von den kostenlosen Shuttlebussen der Parkverwaltung angefahren.

Für Touren ins Hinterland von Zion – sogar auch für Kurztouren – ist eine gründliche Vorausplanung angesagt. Das Wetter im Sommer ist meist heiß und trocken, der Winter kann eiskalt sein. Die engen Canyons sind überflutungsgefährdet, wobei dies blitzartig auftreten kann. Bei vielen Wanderwegen muss man durch Wasser

Visitor Center

waten. Eine gute Planung ist eine wichtige Voraussetzung für jede gelungene Wanderung. Die Ranger in den Besucherzentren von Kolob Canyons und Zion Canyon stehen den Touristen mit Rat und Tat zur Seite.

Die neueste Attraktion im Park sind Hochzeitszeremonien. Die Verwaltung preist sie wie folgt an: „Zion ist eine Verbindung von Licht und Stein, Wüste und Wasser, antik und zeitgenössisch. Die Gelassenheit des Parks wirkt sich auf alle aus, die sich die Zeit nehmen, das Wunder der Natur zu erleben. Hochzeiten im Zion National Park sind Zeremonien, die inmitten der natürlichen Schönheit einer der Juwelen unserer Nation stattfinden. Naturliebhaber entscheiden sich für diesen Ort, weil sie von der Pracht und der natürlichen Stille dieser majestätischen Landschaft angezogen werden." Für die Feierlichkeiten wurden eigens sechs spezielle Locations mit Platz für zehn bis 100 Gäste eingerichtet. Informationen und Anmeldung über die Parkverwaltung oder über die folgende E-Mail-Adresse: *zion_commercialservices@nps.gov*

INFO

Lage: im Südwesten Utahs

- Zion National Park: 1 Zion Park Boulevard/SR 9, Springdale, UT 84767, Tel. +1 435 772 3256, *zion_park_information@nps.gov, nps.gov/zion*

Anfahrt: vom I-15 über SR-17 oder SR-9 jeweils bis La Verkin. Von dort über SR-9 bis zum Parkeingang am Ortsrand von Springdale.

Eintritt: 30 USD je Fahrzeug oder 20 USD je Wanderer oder Radfahrer. Die Tickets gelten für sieben Tage.

Aktivitäten: Wandern, Klettern, Canyoning, Radfahren, Reiten, Tiere beobachten, Fotografieren, Stargazing

Campingplätze im Park:

- South: 117 Plätze, Toiletten, Wasser, Dump Station
- Watchman: 176 Plätze, einige mit Strom, Toiletten

Reservierungen unbedingt empfohlen über Tel. +1 877 444 6777 oder online *recreation.gov*

37. Angels Landing: Nervenkitzel inklusive

Angels Landing ist mit einer Höhe von 1765 Metern über NN nicht der höchste Aussichtspunkt im Zion National Park, aber sicherlich der spektakulärste. Der steil aus dem Zion Canyon herausragende Felsturm aus Quarzsandstein ist ein wahrer Touristenmagnet.

„Walters Wiggles" auf dem Weg zu Angels Landing

Die letzten, steilen Meter sind oft überlaufen.

Bereits 1926 in den Fels gehauen, zieht es heute Hunderte Wanderer täglich auf den 4,35 Kilometer langen, teils recht strapaziösen und anstrengenden Trail. Mit den im Tal regelmäßig verkehrenden NPS-Shuttlebussen ist der Trailhead „The Grotto" noch leicht zu erreichen. Von dort quert der Trail über eine Brücke den Virgin River. Anfangs noch flach und sandig, wird der Weg zunehmend steiler und felsiger. Wenn dazu noch die Sonne brennt, kann es schnell schweißtreibend werden. Eine große Herausforderung sind die über 20, Walter's Wiggles genannten, engen und steilen Serpentinen, die es zu bewältigen gilt.

Richtig problematisch wird es dann auf den letzten ca. 800 Metern. Von Scouts Overlook zum noch höhergelegenen Viewpoint führt der Weg über einen sehr schmalen Grat. Hier sind absolute Schwindelfreiheit und gutes stabiles Schuhwerk die Grundvoraussetzungen, denn rechts und links des schmalen Felsrückens geht es Hunderte Meter steil in die Tiefe. Lediglich eine mittig angebrachte dicke Eisenkette bietet dem Wanderer einen sicheren Halt.

Angels Landing

Wer dann die Aussichtsplattform erreicht hat, wird für seine Mühen mit einem fantastischen Rundumblick auf die mächtigen Felslandschaften des Nationalparks und in das Tal des Zion Canyon mit dem sich tief unten schlängelnden Virgin River belohnt. Aber Angels Landing ist kein Spielplatz. Hier oben gibt es weder ein Geländer noch eine sonstige Einzäunung. Ein Schritt zu viel kann auch schon der letzte Schritt sein. Wer hier abstürzt, kommt nicht mit Abschürfungen oder gebrochenen Gliedmaßen davon. In der Vergangenheit ist es auch immer wieder zu tödlichen Unfällen gekommen.

Die letzten Meter

INFO

Der Trail zur Aussichtspunkt Angels Landing ist eine der beliebtesten Wanderungen im Zion Nationalpark.

- Zion Nationalpark Visitor Center: 1 Zion Park Boulevard/ SR-9, Springdale, UT 84767, Tel. +1 435 772 3256, *zion_park_information@nps.gov, nps.gov/zion*

Hinweis: Ab 2022 ist für den Besuch von Angels Landing ein Permit erforderlich. Infos unter *go.nps.gov/AngelsLanding*

38. The Narrows: nasse Füsse garantiert

Der Trail durch die Narrows des Zion National Park ist sicherlich eine der außergewöhnlichsten Wanderungen in den USA. Je nach Wasserstand des Virgin River läuft man dabei meist durch das Wasser des Flusses. Und wenn einem das Wasser bis zum Hals steht, muss man unter Umständen auch mal schwimmen. Wie weit man in den immer enger werdenden Slot Canyon eindringen sollte? Das bleibt jedem selbst überlassen und sollte von der eigenen allgemeinen körperlichen Verfassung, den Wetterbedingungen und der Wassertemperatur abhängen. Eine ausführliche Beratung im Visitor Center ist auf jeden Fall empfehlenswert.

„Wasserwanderung"

The Narrows

Der Canyon der Narrows entstand durch die North Fork des Virgin die sich hier im Laufe der Jahre tief in den Navajo-Sandstein hineing sen hat. Die steil aufragenden Seitenwände sind bis zu 500 Meter hoc haben in Bodennähe teilweise gerade mal einen Abstand von fünf M Ein wirklich spektakulärer Slot Canyon.

Die Narrows sind am sichersten zu begehen, wenn der Virgin River niedrigen Wasserstand aufweist, wenn das Wasser klar und relativ ist. Die Bedingungen können sich aber von Stunde zu Stunde änder sind fast unmöglich vorherzusagen. Eine durchdachte Vorausplanur entsprechende Ausrüstung und eine genaue Abschätzung der jewe Lage sind für eine sichere und erfolgreiche Wanderung unerlässlich

Virgin River

INFO

Bei Wanderungen durch die Narrows des Zion National Park holt man sich unweigerlich nasse Füße. Informationen zur Begehbarkeit, zum Wasserstand und den Temperaturen sollte man sich auf jeden Fall vorab im Visitor Center einholen.

- Zion National Park Visitor Center:
  1 Zion Park Boulevard/SR-9, Springdale, UT 84767,
  Tel. +1 435 772 3256,
  zion_park_information@nps.gov, nps.gov/zion

39. The Wave: „Das ist die perfekte Welle!“

Um das Millennium herum wurde „The Wave“ einer breiten Öffentlichkeit in Deutschland bekannt. Ein Foto der außergewöhnlich ausgewaschenen Sandsteinformation erregte damals großes Aufsehen. Aber in den einschlägigen Reiseführern wurde die Wave damals noch nicht erwähnt.

The Wave

Die Insider behielten die GPS-Daten für sich, und Informationen wurden nur unter guten Freunden weitergegeben. Die einzigartige Wave sollte irgendwo in der Wildnis zwischen Kanab und Page zu finden sein, an der Grenze zwischen Arizona und Utah, in den Coyote Buttes North im Paria Canyon-Vermillion Cliffs National Monument. Während der Trailhead noch in Utah an der House Rock Valley Road liegen sollte, wäre die Wave selbst schon im benachbarten Arizona. Die Wanderung sollte runde 6,4 Meilen lang sein (Roundtrip), und man bräuchte eine Genehmigung um das Gebiet zu begehen. Eigentlich alles kein Problem, denn damals war es noch leichter bei der Verlosung ein Permit zu ergattern – der Andrang war geringer.

Inzwischen ist „The Wave" ein sehr populäres Ziel für Wanderer und Fotografen aus aller Welt geworden. Daher ist es heute auch weitaus schwieriger eine der begehrten Genehmigungen zu bekommen. Noch immer gibt das Bureau of Land Management (BLM) lediglich 20 Permits pro Tag für die Coyote Buttes North aus. Zehn davon werden vier Monate im Voraus über das Internet verlost. Aber die Nachfrage ist enorm. Bis weit über 2000 Interessenten aus aller Welt bewerben sich online um die begehrten Permits – pro Tag! Die Chancen sind also entsprechend gering.

Weitere zehn Walk-in-Permits werden einen Tag vor dem geplanten Hike pünktlich um 9 Uhr im Visitor Center in Kanab verlost. Je nach Saison nehmen 20 bis 395 (Rekord!) Wanderer an der Verlosung teil. Die glücklichen Gewinner zahlen sieben Dollar für jedes Permit und erhalten im Gegenzug das Merkblatt mit den Hinweisen, Karten und Fotos zum Auffinden der Wave. Von jeder Wandergruppe darf nur ein Teilnehmer an der Verlosung teilnehmen. Der aber kann – vorausgesetzt er wird ausgelost – bis zu sechs Permits beanspruchen. Für die restlichen Bewerber bleiben in diesem Fall nur noch vier Genehmigungen übrig. Aber mehr als zehn Permits werden bei der täglichen Verlosung auf keinen Fall vergeben.

Es empfiehlt sich wegen der Hitze so früh wie möglich am Wire Pass Trailhead loszumarschieren. Entsprechendes Equipment und ausreichende Wasservorräte sind Grundvoraussetzung in der Wildnis.

Eingang zur Wave

Der Hinweg ist dank der guten Beschreibung leicht zu finden und führt sowohl durch tiefen Sand als auch über blanken Fels. Es gibt kaum Schatten. Dafür ist die Landschaft grandios. Sandsteinformationen in verschiedenen Größen und in allen Farbschattierungen zwischen Hellbeige und tief dunklem Rotbraun ergeben immer wieder neue Fotomotive. Für den Rückweg sollte man sich markante Stellen einprägen oder ein GPS benutzen.

Irgendwann ist das Ziel dann erreicht. Nach einem letzten anstrengenden Aufstieg durch tiefen Sand betritt man die beeindruckende Sandsteinformation. Nun ist fotografieren angesagt. Wer früh genug vor Ort ist, hat die Location für sich allein. Ansonsten muss man aufpassen, dass einem keiner ins Bild läuft – oder dass man selbst im Weg steht. Aber auch die Umgebung der Wave kann sich sehen lassen. Der Hamburger Rock, die Second Wave, die Brain Rocks und vieles andere mehr sind beliebte Fotomotive.

Wer bei der Permitverlosung leer ausgegangen ist, sollte sich nicht ärgern. Rund um Kanab gibt es zahlreiche weitere Hotspots. So zum Beispiel der enge Wire Pass Slot Canyon, der auch im nördlichen Bereich der Coyote Buttes liegt, für den aber kein Permit benötigt wird. Auch der Coral Pink Sand Dunes State Park ist nicht weit von Kanab entfernt. Für die sandige Anfahrt zu den ebenfalls sehenswerten White Pockets oder den Peek-a-boo Canyon (von Einheimischen auch Red Canyon genannt) benötigt man auf jeden Fall ein Fahrzeug mit 4WD und Reifen mit gutem Profil.

Hamburger Rock

INFO

Lage: im äußersten Norden von Arizona unmittelbar an der Grenze zu Utah zwischen den Orten Kanab und Page

- BLM Visitor Center: 745 Highway 89, Kanab, UT 84741, Tel. +1 435 644 1300, *escalante_interagency@blm.gov*, *blm.gov/visit/coyote-buttes-north-the-wave*

Anfahrt: von Norden über den US-89, von Süden über US-89A. In beiden Fällen in die House Rock Road (Gravel) abbiegen und bis zum Wire Pass Trailhead fahren. Achtung! Nach Regenfällen kann ein Wash den nördlichen Teil der HRR unpassierbar machen. Dann ist es sinnvoll, den südlichen Umweg zu wählen (Ranger fragen).

Eintritt: frei, lediglich das Permit kostet 7 USD.

Aktivitäten: Wandern, Fotografieren

Im Land der roten Felsen: Nördlicher Teil

Cedar Breaks

Im Land der roten Felsen: Nördlicher Teil

40. Cedar Breaks National Monument: der kleine Bryce Canyon
41. Bryce Canyon National Park: pure Schönheit
42. Red Canyon: rot in allen Varianten
43. Utah State Route 12: durch das Cowboyland
44. Kodachrome Basin State Park: satte Farben
45. Grand Staircase Escalante National Monument: Wild and Wide Wilderness
46. Capitol Reef National Park: die große Falte
47. Capitol Reef National Park: die Obstplantagen der ersten Siedler
48. Goblin Valley State Park: im Tal der Kobolde
49. Arches National Park: das Red Rock Wonderland
50. Canyonlands National Park: drei Parks in einem

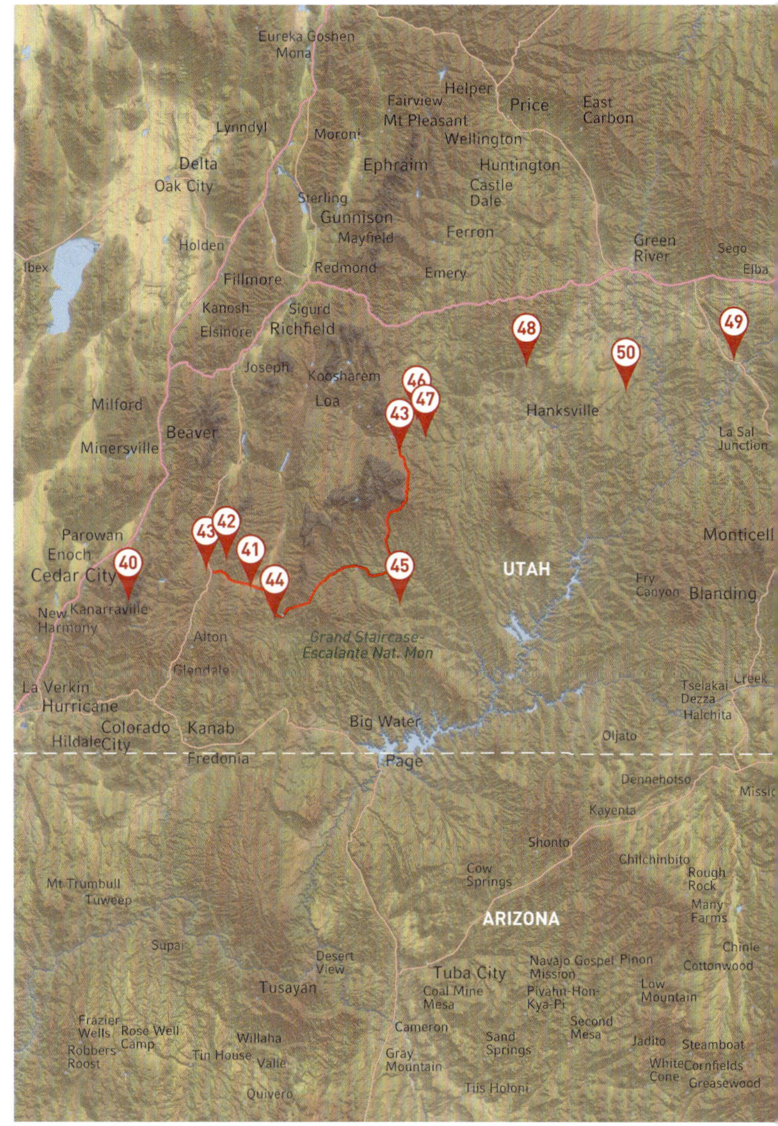
Eureka Goshen
Mona
Helper
Fairview
Price
East Carbon
Lynndyl
Moroni
Mt Pleasant
Wellington
Delta
Ephraim
Huntington
Oak City
Castle Dale
Sterling
Gunnison
Mayfield
Ferron
Holden
Green River
Sego
Ibex
Redmond
Emery
Elba
Fillmore
Kanosh
Sigurd
Elsinore
Richfield
Joseph
Koosharem
Loa
Milford
Hanksville
Beaver
La Sal Junction
Minersville
Parowan
Monticell
Enoch
UTAH
Cedar City
Fry Canyon
Blanding
New Harmony
Kanarraville
Alton
Grand Staircase-Escalante Nat. Mon
Glendale
La Verkin
Hurricane
Tselakai Dezza
Creek
Halchita
Colorado City
Kanab
Big Water
Hildale
Oljato
Fredonia
Page
Dennehotso
Kayenta
Shonto
Chilchinbito
Cow Springs
Rough Rock
Mt Trumbull
Tuweep
Many Farms
ARIZONA
Supai
Chinle
Desert View
Navajo Gospel Mission
Pinon
Cottonwood
Tusayan
Tuba City
Coal Mine Mesa
Pivahn-Hon-Kya-Pi
Low Mountain
Frazier Wells
Rose Well Camp
Willaha
Second Mesa
Robbers Roost
Cameron
Sand Springs
Jadito
Steamboat
Tin House
Valle
Gray Mountain
White Cone
Cornfields
Greasewood
Quivero
Tiis Holoni
40
41
42
43
44
45
46
47
48
49
50

40. Cedar Breaks National Monument: der kleine Bryce Canyon

Das 3048 Meter hoch gelegene natürliche Amphitheater des National Monument erinnert ein wenig an den Bryce Canyon, allerdings ist der Sandstein hier bereits bedeutend stärker erodiert.

Das Amphitheater

Die Felsen enthalten Eisen und Mangan in verschiedenen Kombinationen. Dadurch bilden sich die brillanten Farben. Eisenoxide sind für die Rot-, Orange- und Gelbtöne verantwortlich, während aus Manganoxiden die Purpurtöne entstehen. Die Farbe des Felsens ist weich und zart im Vergleich zu den Hoodoos am Bryce Canyon. In den Wäldern des 24,9 Quadratkilometer großen Parks fühlen sich Maultierhirsche und Stachelschweine ebenso wohl wie Murmeltiere, Ground Squirrels und Streifenhörnchen. Auch Berglöwen leben hier, werden aber selten gesehen. Aufgrund der Höhenlage und des starken Schneefalls sind Teile des Parks von Oktober bis Mai häufig für Fahrzeuge gesperrt. Es gibt übrigens ernsthafte Bemühungen, Cedar Breaks zum Nationalpark aufzuwerten.

Maultierhirsch

INFO

Lage: in Utah, östlich von Cedar City

- Cedar Breaks National Monument: 2390 West Highway 56 Suite #11, Cedar City, UT 84720, Tel. +1 435 586 9451 oder 4420, *nps.gov/cebr*

Anfahrt: in Cedar City die I-15 verlassen, über SR-14 und SR-148 zum Parkeingang

Eintritt: 7 USD pro Person

Campingplätze im Park:

- Point Supreme Campground: 25 Plätze, Jun bis Sep, Toiletten, Duschen, unbedingt über *recreation.gov* reservieren

41. Bryce Canyon National Park: pure Schönheit

Für viele Besucher gilt der Bryce Canyon als einer der schönsten Nationalparks der Vereinigten Staaten. Trotz seines Namens ist die Hauptattraktion des Parks jedoch kein Canyon, sondern eine Reihe von halbrunden Abbruchkanten an der Ostseite des Paunsaugunt-Plateaus, die sich wie riesige natürliche Amphitheater aus roten, orange- oder rosafarbenen Sandstein präsentieren. Die geologischen Strukturen an den Kanten, die auch als Hoodoos bezeichnet werden, entstanden durch Frostverwitterung und Erosion des Seebodensedimentgesteins.

Bryce Canyon

Um 1875 siedelten Ebenezer und Mary Bryce, Mormonen bzw. Angehörige der Chruch of Jesus Christ of Latter-Day Saints, im Süden des heutigen Nationalparks. Die Labyrinthe der Abbruchkante waren für Ebenezer Bryce lediglich „a hell of a place to lose a cow". Schon nach fünf Jahren zog der Pionier mit seiner Familie weiter nach Arizona. Zurück ließ er das Naturwunder, das seitdem den Namen Bryce Canyon trägt. Andere erkannten die einmalige Schönheit der Natur. 1924 beschloss der US Kongress die Gründung des Nationalparks, 1928 wurde er offiziell eröffnet. Heute besuchen jährlich über 2,5 Millionen Menschen das 145 Quadratkilometer große Schutzgebiet.

Der Nationalpark liegt auf einer Höhe von bis zu 2778 Metern (am Rainbow Point). In den Sommermonaten können die Temperaturen auf über 35 Grad Celsius ansteigen, im Winter zeigt die Quecksilbersäule des Thermometers auch mal Temperaturen unter minus zehn Grad an. Kräftige Schneefälle sind dann keine Seltenheit, wobei der Kontrast zwischen dem roten Sandstein und dem weißen Schnee schön anzuschauen ist.

Die durch die unterschiedlichen Höhenlagen verschiedenen Lebensräume im Bryce Canyon beherbergen eine vielfältige Fauna. Über 200 Vogelarten, darunter die an der Abbruchkante allgegenwärtigen Raben, rund 70 Säugetierarten, 13 Reptilien- und auch vier Amphibienarten wurden im Park schon gesichtet. Maultierhirsche mit ihren großen Ohren und Gabelantilopen bilden die größte Säugetierpopulation, Elche sieht man eher seltener im Schutzgebiet. Auch Raubtiere wie Pumas, Schwarzbären, Kojoten, Füchse und Dachse leben vereinzelt im Park. Streifenhörnchen und Präriehunde gibt es dagegen häufig zu sehen.

Raben fühlen sich wohl im Bryce Canyon.

In der „Wall Street“

Thor's Hammer (links) und Three Sisters

Von Anfang Mai bis Anfang Oktober unterhält die Parkverwaltung einen für Besucher kostenlosen Bus-Shuttle. Die alle acht bis zwölf Minuten verkehrenden Busse starten in Bryce Canyon City, fahren Haltestellen am Visitor Center und den verschiedenen Campingplätzen an und dann entlang der Rim bis hin zum Bryce Point. Von dort aus geht es wieder zurück.

Die meisten Besucher fahren mit den Shuttlebussen oder mit ihren eigenen Fahrzeugen die verschiedenen Aussichtspunkte an, spazieren an der Kante entlang (Rim Trail) und genießen die Aussicht von oben. Richtig eintauchen in den „Canyon" kann aber nur der, der eine Wanderung über die Abbruchkante hinaus, tief in das Sandstein-Labyrinth hinein, unternimmt. Verschiedene Wege mit unterschiedlichen Schwierigkeitsgraden und Längen führen zu Highlights wie die „Chinese Wall", „Wall Street" oder „Thor's Hammer". Dabei kann man verschiedene Trails auch miteinander kombinieren. Sehr beliebt ist zum Beispiel die Zusammenfassung von Queens Garden Trail (2,9 Kilometer) mit dem Navajo Loop (2,2 Kilometer).

Auch im Winter sind die Wanderwege im Nationalpark geöffnet. Ausnahmen sind der Wall-Street-Bereich des Navajo Loop und die Verbindung vom Bryce Point zum Peekaboo Loop. Aus Sicherheitsgründen sind diese Strecken bei Schneefall meist gesperrt. Die Wege sind im Allgemeinen schneebedeckt und können auch vereist sein. Ohne vernünftiges Schuhwerk kommt man nicht weit. Zusätzliche Krallen oder bei Tiefschnee auch Schneeschuhe können auf jeden Fall hilfreich sein.

Skilanglauf ist bei Schneehöhen von 90 bis 120 Zentimetern im gesamten Nationalpark möglich und nur im Bereich der Abbruchkante grundsätzlich verboten. Liegt weniger als 30 Zentimeter Schnee, so ist Skilanglauf nur auf präparierten Loipen wie zum

Natural Bridge

Beispiel bei Ruby's Inn, dem Bristlecone Loop Trail oder auf dem Paria Ski Loop möglich. Langlaufski und Schneeschuhausrüstung können in Bryce Canyon City ausgeliehen werden.

Die klare Luft im Park und auch das Fehlen von Lichtverschmutzung sind ideal für Hobbyastronomen. In wolkenlosen Nächten können Parkbesucher mit bloßem Auge über 7500 Sterne am Himmel über dem Bryce Canyon ausmachen. Im Vergleich: An den meisten Orten sind aufgrund der Lichtverschmutzung weniger als 2000 und in vielen Großstädten nur ein paar Dutzend zu sehen. Park Ranger veranstalten regelmäßig Sternbeobachtungen und Abendprogramme zu Astronomie. Das Bryce Canyon Astronomy Festival, das jedes Jahr im Juni stattfindet, zieht Tausende von Besuchern an. Ihm zu Ehren wurde der Asteroid 49272 nach dem Nationalpark benannt.

INFO

Lage: im Südwesten des Bundesstaates Utah, etwa 100 Kilometer östlich von Cedar City

- Bryce Canyon National Park: PO Box 640201, Bryce, Utah 84764, Tel. +1 435 834 5322, *brca_information@nps.gov, nps.gov/brca*

Anfahrt: Über I-15 bis zur Abfahrt 95. Dann östlich auf SR-20 bis zur US-89, in Richtung Süden bis zu SR-12. Nach dem Bryce Canyon Airport auf SR-63 abbiegen und zum Parkeingang fahren.

Eintritt: 35 USD pro Fahrzeug, 20 USD je Wanderer oder Radfahrer. Die Tickets gelten für sieben Tage.

Aktivitäten: Wandern, Radfahren, Reiten, Tiere beobachten, Stargazing, Fotografieren, Ranger-Programme, im Winter Schneeschuh-Hikes und Skilanglauf

Campingplätze im Park:

- North: 99 Plätze, gzj. geöffnet, Toiletten
- Sunset: 100 Plätze, Mitte Apr bis Mitte Okt, Toiletten, Duschen befinden sich im General Store, Stellplätze können über *recreation.gov* oder Tel. +1 877 444 6777 reserviert werden.

42. Red Canyon: rot in allen Varianten

Viele Touristen lassen den Red Canyon im wahrsten Sinne des Wortes links liegen, ist er doch nur 15 Kilometer vom Bryce Canyon National Park, in der Regel dem Tagesziel, entfernt. Und genau wie im Bryce Canyon steht auch hier der leuchtend rote Sandstein im Mittelpunkt. Allerdings ist alles etwas kleiner. Aber das hat auch Vorteile – hier ist es ist nicht so überlaufen.

Das Erholungsgebiet Red Canyon gehört zum insgesamt 7645 Quadratkilometer großen Dixie National Forest. Zahlreiche kurze Wan-

Im Red Canyon

derwege, aber auch spezielle Trails für Reiter, für Mountainbikes und sogar für Quads (ATV) sind ausgeschildert. Schon der nur etwa 500 Meter lange Hoodoo Loop Trail, der direkt am Visitor Center beginnt, bietet dem Wanderer einen ersten Blick auf die hier wachsenden Ponderosa-Pinien und führt an zwei markanten Sandstein-Hoodoos vorbei. Einen noch besseren Überblick gewährt der Buckhorn Trail, der sich 1,5 Kilometer über Serpentinen in die Höhe windet. Ein „Muss" für jeden Besucher.

Eine Besonderheit ist die Red Canyon Botanical Area. Hier wachsen, dank des kalksteinhaltigen Bodens, sieben verschiedene Pflanzen, die sonst nirgendwo auf der Welt gedeihen. Um das öffentliche Schutzgebiet zu erreichen, fährt man vom Visitor Center 6,4 Kilometer in Richtung Osten auf der State Route 12 und biegt dann nach recht auf die unbefestigte Forststraße 30113 ab. Nach 3,2 Kilometer ist das Ziel erreicht. Die Botanical Area wurde angelegt, um die Pflanzen in dem fragilen Ökosystem zu schützen. Die Besucher werden gebeten sich entsprechend vorsichtig zu verhalten.

INFO

Lage: im Südwesten des Bundesstaates Utah, etwa 100 Kilometer östlich von Cedar City

- Red Canyon im Dixie National Forest: 225 E Center, PO Box 80, Panguitch, UT 84759, Tel. +1 435 676 9300, *fs.usda.gov/recarea/dixie/recarea/?recid=24942*
- Red Canyon Visitor Center: an SR-12, Tel. +1 435 676 2676, Apr bis Sep, jeweils Freitag bis Sonntag von 10 bis 16 Uhr geöffnet

Anfahrt: von Panguitch ca. elf Kilometer südlich auf US-89, dann noch sechs Kilometer auf SR-12

Eintritt: frei

Aktivitäten: Wandern, Mountainbike, ATV fahren, Tiere beobachten, Fotografieren

Campingplätze im Park:

- Red Canyon: 37 Stellplätze, Mai bis Sep, Picknicktische, Feuerstellen, Toiletten, Duschen, Dump Station

43. Utah State Route 12: durch das Cowboyland

Rund 198 Kilometer schlängelt sich die auch als „A Journey through Time Scenic Byway" bezeichnete State Route 12 durch die grandiose und farbenfrohe Landschaft Süd-Utahs. Ein imposanter Ausblick folgt dem anderen. Auch das Hinterland kann sich sehen lassen, führt die gut ausgebaute Straße doch durch den nördlichen Teil des Grand Staircase-Escalante National Monument (GSENM). Hier findet der naturliebende Reisende zahlreiche Attraktionen und auf Wunsch auch Einsamkeit und absolute Ruhe.

State Route 12

Start: am US Highway 89, südlich von Panguitch

Meile 3: Red Canyon Visitor Center. Wegen der roten Sandsteinfelsen wird der Red Canyon auch der „kleine Bruder" des Bryce Canyon genannt. Über die Wanderwege und die Mountainbike-Routen im Park informiert das Visitor Center. Der Campground wird auch gerne genutzt, wenn im Bryce Canyon National Park alles voll ist.

Meile 13: Abzweig zum touristisch voll erschlossenen Bryce Canyon National Park. Hier gibt es Motels, Campgrounds (in und außerhalb der Parkgrenzen), Einkaufsmöglichkeiten und eine Tankstelle. Der Bryce Canyon ist im wahrsten Sinne des Wortes kein Canyon, sondern eher ein nach Osten offener Felskessel, ein durch Erosion entstandenes, riesiges natürliches Amphitheater. Wanderwege mit verschiedenen Schwierigkeitsgraden führen in die bizarre Welt der im Sonnenlicht rot leuchtenden Hoodoos und Sandsteinfelsen hinein.

Meile 22: Ortschaft Tropic mit knapp 500 Einwohnern, Motels, Restaurants, einem General Store und einem Natural History Museum

Meile 25: Cannonville. Der kleine Ort hat eine Tankstelle, einen KOA Campingplatz und das GSENM Visitor Center. Etwa in der Ortsmitte zweigt die Straße in Richtung Süden ab, die zur Cottonwood Canyon Road (Grosvenor Arch) und zum Kodachrome Basin State Park führt. Seinen Namen erhielt der nur 16,2 Quadratkilometer große Park wegen seiner Felsen, die in den Farbtönen Rot, Gelb, Rosa, Weiß und Braun leuchten. Der State Park verfügt über einen schönen Campground mit 54 Stellplätzen.

Meile 60: Das Westernstädtchen Escalante ist Ausgangspunkt für viele Tagestouren und Wanderungen in das Grand Staircase-Escalante National Monument. Wer die legendäre Hole in the Rock Road oder die im Ort abzweigende Hells Backbone Road befahren will, kann hier noch volltanken oder die Vorräte ergänzen. Campgrounds und zahlreiche Motels laden zur Übernachtung ein. Die freundlichen Ranger im GSENM Visitor Center am westlichen Ortseingang geben Auskünfte über Sehenswürdigkeiten und Straßenzustände. Am östlichen Ortsausgang informiert das Escalante Heritage Center über die Besiedelung der Gegend und über die Hole in the Rock Road.

Meile 65: Abzweig Hole in the Rock Road. Die rund 62 Meilen lange Gravel Road verdanken wir den Mormonen, die sie in der zweiten Hälfte des 19. Jahrhunderts anlegten, um den Süden Utahs zu erschließen. Bis zum Devils Garden, der mit seinen außergewöhnlichen Felsformationen viele Fotomotive bietet, ist die Straße meist gut befahrbar (vorab im Visitor Center erkundigen!), dann beginnt das Abenteuer. Abseits der Road findet der Wanderer viele außergewöhnliche Ziele wie den Neon Canyon, die Golden Cathedral, den Peek-a-boo Canyon und den Spooky Gulch sowie – fast am Ende – den Dance Hall Rock, der von den Pionieren als Tanzfläche genutzt wurde.

Meile 70: Abzweig Old Sheffield Road/Spencer Flat Road. Die Gravel Road mit den zwei Namen ist ein weiterer Zugang in das GSENM. Von der Road aus führen Wanderungen zum Moqui Hill, zum Phipps Arch und zu zahlreichen weiteren interessanten Zielen.

Meile 75: Calf Creek Campground. Die Wanderung durch eine atemberaubende Natur vom Campingplatz zum idyllisch gelegenen Calf Creek Waterfall ist empfehlenswert (etwa drei Stunden hin und zurück).

Meile 80: The Hogback. In diesem Bereich verläuft die State Route über einen schmalen Berggrat mit steilen Abhängen zu beiden Seiten – teilweise direkt neben der Fahrbahn.

Meile 85: Hier stößt die Hells Backbone Road wieder auf den State Route 12. Die 38 Meilen lange Gravel Road durch die Box-Death Hollow Wilderness war die erste Verbindung zwischen Escalante und Boulder.

Meile 87: Boulder mit dem sehenswerten Anasazi State Park Museum und dem Abzweig zur Burr Trail Road. Nach dem Städtchen führt die Straße über die Ostflanke des Boulder Mountain durch eine nun subalpine Landschaft. Nadelbaumwälder und Birken mit weißen Stämmen wechseln sich ab mit weitläufigen Gebirgswiesen.

Meile 89: Homestead Overlook. Rastplatz mit schönem Panoramablick über das Kaiparowits Plateau bis zu den fünf Gipfeln der majestätischen Henry Mountains am Horizont.

Calf Creek Waterfall

Homestead Overlook

Meile 124: In Torrey endet die State Route 12. In der Kleinstadt gibt es mehrere Motels, Campgrounds, eine Tankstelle und verschiedene Einkaufsmöglichkeiten. Von Torrey bis zum Capitol Reef National Park sind es nur noch etwa zehn Meilen (16 Kilometer).

INFO

Lage: Die Utah State Route (SR-12) führt über 198 Kilometer durch malerische Landschaften und verbindet Bryce Canyon Junction (US-89) und die Ortschaft Torrey an der SR-24.

- Red Canyon Visitor Center: an SR-12, Tel. +1 435 676 9300
- Escalante Interagency Visitor Center: 755 W Main Street, Escalante, UT 84726, Tel. +1 435 826 5499

Website: *scenicbyway12.com*

44. Kodachrome Basin State Park: satte Farben

Der wunderschöne gelegene, kleine State Park liegt nur 35 Kilometer südöstlich vom Bryce Canyon National Park, ist aber in jedem Fall die Anreise wert. Er wurde 1962 als Chimney Rock State Park gegründet, einige Jahre später bekam er dann

Kodachrome Basin

mit der Genehmigung der Kodak Corporation seinen heutigen Namen. Auch wenn der malerische Park etwas abseits liegt, ist die Anfahrt von Cannonville doch unproblematisch.

Das Besondere am Kodachrome Basin State Park sind neben den leuchtend bunten Felsformationen im Talkassel die insgesamt 67 zwischen zwei und 52 Meter hohen Felsnadeln bzw. Steinsäulen

(Spires). Hierbei soll es sich um Ablagerungen (Geyserit) in uralten ehemaligen Geysiren handeln. Während der umgebenden weiche Entrada-Sandstein mit der Zeit erodierte, blieben die härteren Gesteinsablagerungen in den Geysiren erhalten und wurden zum Markenzeichen des heutigen State Park.

Im Park gibt es eine Reihe von meist kurzen Wanderwegen zu den umliegenden Sehenswürdigkeiten, Steinbögen und Aussichtspunkten. Der längste Trail ist gerade mal fünf Kilometer lang. Auch Ausritte zu Pferd sind möglich, in einem kleinen Shop wird Horseback Riding angeboten.

Kleinod in Farbe

Klein, aber fein sind die Campingplätze im State Park. Die Duschen und Toiletten sind sauber und sehr gepflegt. Einige der Stellplätze verfügen über Strom- und Wasseranschlüsse. Wer hier nachts vor seinem Wohnmobil sitzt und mit einem Glas Rotwein in der Hand die unzähligen Sterne am klaren Himmel beobachtet, der weiß, was wahrer Luxus ist.

Der Sandstein leuchtet.

INFO

Lage: im Süden Utahs in der Nähe von Cannonville

- Kodachrome Basin State Park: 2905 S. Kodachrome State Park Road, Cannonville, UT 84718, Tel. +1 435 679 8562, *stateparks.utah.gov/parks/kodachrome-basin*

Anfahrt: über SR-12 oder die Cottenwood Canyon Road

Eintritt: 8 USD pro Fahrzeug

Aktivitäten: Wandern, Klettern, Reiten, Fotografieren, Stargazing

Campingplätze im Park:

- Basin: 35 Plätze, Toiletten, Duschen, Dump Station
- Bryce View: 11 Plätze, Toiletten
- Arch: sechs Plätze, max. 20 ft., Hookup

Die Plätze können über *reserveamerica.com* reserviert werden; ft.= Feet, ein Foot sind etwa 30 Zentimeter.

45. Grand Staircase-Escalante National Monument : Wild and Wide Wilderness

GSENM steht für Grand Staircase-Escalante National Monument. Hinter dem etwas klobigen Namen stehen etwa 7612 Quadratkilometer pure Wildnis. Damit ist das National Monument fast drei Mal so groß wie das Saarland. In etwa eingegrenzt wird das Schutzgebiet im Norden durch den Highway 12 und im Süden durch den Highway 89. Im Osten grenzt es an den Capitol Reef National Park sowie an die Glen Canyon National Recreation Area.

Coyote Gulch

Das GSENM ist in drei Hauptregionen aufgeteilt: das im Westen gelegene eigentliche Grand Staircase, eine Schichtstufenlandschaft, die nach Norden hin aufsteigt. Die Abgrenzung zur zweiten Region, dem Kaiparowits Plateau, bildet ein Faltengebirge namens The Cockscomb. Das etwa dreieckige Plateau erstreckt sich über 80 Kilometer von der Stadt Escalante bis fast zu Grenze von Arizona. Mit einer Grundfläche von annähernd 4225 Quadratkilometern nimmt das schroffe Kaiparowits Plateau den Großteil des National Monument ein, ist aber auch der trockenste und am wenigsten erschlossene Teil im Schutzgebiet. Die dritte Region, die Canyons of Escalante ganz im Osten, ist geprägt von durch die

Erosion geschaffenen Sandsteinformationen, steilen Felswänden, zahlreichen Slot Canyons, Hoodoos und Domen. Die drei Regionen werden vom Bureau of Land Management (BLM) verwaltet.

Seit dem Jahr 2000 werden in den abgelegenen Gegenden des GSENM immer wieder über 75 Millionen Jahre alte Knochen und andere Überreste von Dinosauriern und frühen Säugetieren gefunden und ausgegraben, unter anderem ein mehr als neun Meter langer und drei Meter hoher Gryposaurus Monumentensis mit mehr als 800 Zähnen. Die verschiedenen Fossilien fanden im Natural History Museum von Utah in Salt Lake City ein neues Zuhause.

Wanderer stoßen im Grand Staircase Escalante National Monument immer wieder auf Überraschungen. Allerdings ist der Trail zum Calf Creek Waterfall der einzige offiziell gekennzeichnete Wanderweg. Der Trailhead liegt am Calf Creek Campground, direkt am Highway 12, etwa 24 Kilometer östlich von Escalante. Nach einer 4,5 Kilometer langen Wanderung durch die einzigartige Natur der Canyons erreicht man den fast 40 Meter hohen Wasserfall, dessen Becken zu einem erfrischenden Bad einlädt.

Kürzer ist der Weg zu „The Toadstools“. Die vielfarbigen Hoodoos liegen nicht weit vom Highway 89 entfernt. Der Trailhead ist auf einem kleinen Parkplatz am Highway, etwa 2,5 Kilometer östlich der Paria Contact Station. Nach etwa 1,2 Kilometer einem kleinen Trampelpfad folgend ist das Ziel schon erreicht und man sieht die Felstürmchen mit den lustigen „Hütchen“. Da es kaum ausgeschilderte Wanderwege gibt, ist die Anzahl der möglichen Wanderungen groß. Man sucht sich ein Ziel und läuft los. Voraussetzungen sind eine gute Karte, Kompass und GPS, genügend Wasser und entsprechendes Equipment.

Erschlossen wird das riesige Gebiet des GSENM durch eine Handvoll Durchgangsstraßen. Im Nordosten führt die 109 Kilometer lange Burr Trail Road, von Boulder am Highway 12 ausgehend, den rund zehn Kilometer langen Long Canyon mit seinen hohen roten Sandsteinwänden ebenso wie den Capitol Reef National Park durchquerend, bis zur Glen Canyon National Recreation Area. Sagenhafte Ausblicke auf die Circle Cliffs und die Waterpocket Fold machen die Fahrt zum Erlebnis.

Bei den Toadstool Hoodoos

Außerhalb der Stadt Escalante zweigt die Hole in the Rock Road, die den Zugang zu den Canyons of Escalante ermöglicht, in Richtung Süden ab. Bis zu den pittoresken Felsformationen des Devils Garden, also auf den ersten 20 Kilometern, ist der schon von den mormonischen Siedlern benutzte Trail meist in einem guten Zustand. Um den Rest der Gravel Road zu befahren, empfiehlt sich ein Allradfahrzeug mit entsprechender Bodenfreiheit. Nach 28 Kilometern zweigt nach Nordosten die Egypt Bench Road ab, die zu den Trailheads Neon Canyon und Golden Cathedral führt. Um den Coyote Gulch zu erreichen, auf dessen Nordseite sowohl der Peek-A-Boo als auch der Spooky Canyon beginnen, verlässt man bei Kilometer 43 die Hole in the Rock Road über die Dry Fork Road. Weitere Highlights rechts und links des alten Mormonentrails sind der Chimney Rock (Abfahrt bei 53,7 Kilometer) sowie verschiedene Steinbögen (die Arches Sunset, Stevens, Broken Bow und Hole in the Rock) und fast am Ende des Trails der Dance Hall Rock und dann das eigentliche Hole in the Rock. Mit der Anstauung des Lake Powell durch den Glen Canyon Dam wurde die Hole in the Rock Road zur Sackgasse.

Die ebenfalls von Escalante ausgehende Smoky Mountain Road führt 120 Kilometer quer über das wilde Kaiparowits Plateau bis zur Ortschaft Big Water am Highway 89. Auch für diese Road ist Allradantrieb und erhöhte Bodenfreiheit unerlässlich. Bei schlechtem Wetter sollte man die Gravel Road lieber ganz meiden. Über tiefen Sand oder blanken Fels geht teilweise steil bergauf. Teile der Straße sind unterspült und immer wieder muss man Schlaglöchern oder Felsbrocken ausweichen. Dafür bietet das Plateau dramatische Aussichten in die Umgebung bis hin zum Lake Powell.

Da ist die Cottonwood Canyon Road meist in einem besseren Zustand. Wie bei allen Gravel Roads sollte man vorab in einem nahe gelegenen Visitor Center den Straßenzustand erfragen. Die Cottonwood Canyon Road verläuft, vom Highway 89 ausgehend, parallel zu der geologischen Verwerfung The Cockscomb und endet bei Henrieville in den Highway 12. Interessante Wanderwege führen von der Straße u. a. zum Hackberry Canyon, den Cottonwood Narrows und zum Round Valley Draw. Des Weiteren lohnt sich ein

An der Cottonwood Canyon Road

Halt am Grosvenor Arch, einem Sandstein-Doppelbogen, und dem Kodachrome Basin State Park im nördlichen Teil.

In jüngster Zeit ist das Grand Staircase-Escalante National Monument allerdings in Gefahr. In Teilen des Schutzgebietes werden Bodenschätze vermutet, und nachdem das gesamte Gelände erst 1996 von US-Präsident Bill Clinton zum National Monument erklärt wurde, haben sich 20 Jahre später offensichtlich die Lobbyisten durchgesetzt. Im Dezember 2017 wollte Donald Trump die Fläche des GSENM fast halbieren und in drei Teile auflösen. Dadurch hätte der geplanten Kohleförderung in diesen Gebieten nichts mehr im Wege gestanden. Im September

Grosvenor Arch

2018 bestätigte das Bundesgericht in Washington jedoch, dass der Präsidentenerlass zur Verkleinerung des Schutzgebietes nicht wirksam sei – vorläufig. Es bleibt also spannend.

INFO

Lage: im Süden des Bundesstaates Utah zwischen den Städten Kanab, Page und Escalante

- Grand Staircase-Escalante National Monument: 669 South Highway 89A, Kanab, UT 84741, Tel.+1 435 644 1200, *escalante_interagency@blm.gov*, *blm.gov/programs/national-conservation-lands/utah/grand-staircase-escalante-national-monument*

Anfahrt: von Norden über den SR-12, von Süden über den US-89

Eintritt: frei

Aktivitäten: Wandern, Klettern, Mountainbiking, Canyoning, Reiten, Tiere beobachten, Fotografieren

Visitor Center:

- Cannonville Visitor Center: 10 Center Street, Cannonville, UT 84718, Tel. +1 435 826 5640
- Escalante Interagency Visitor Center: 755 W. Main Street, Escalante, UT 84726 ,Tel. +1 435 826 5499
- Kanab Visitor Center: 745 E. Highway 89, Kanab, UT 84741, Tel. +1 435 644 1300
- Paria Contact Station: Highway 89 zwischen Page (48 Kilometer) und Kanab (62 Kilometer), Tel. +1 435 644 4628

Campingplätze im National Monument:

- Das Schutzgebiet ist BLM Land, das heißt man darf überall campen, wo es nicht ausdrücklich verboten ist. Die Visitor Center geben Auskunft und erteilen entsprechende Permits.
- Schön gelegen, aber in der Hochsaison immer schnell belegt, ist der Calf Creek Campground direkt aa SR-12.
- Wer auf Komfort der kommerziellen Campgrounds nicht verzichten will, dem seien die entsprechenden Plätze in den Städten Kanab, Escalante oder Page empfohlen.

46. Capitol Reef National Park: die grosse Falte

Im Süden des heutigen US-Bundesstaates Utah bildete sich vor 50 bis 70 Millionen Jahren eine gewaltige, bis zu 160 Kilometer lange Verwerfung in Nord-Süd-Richtung, die Waterpocket Fold genannt wird. Doch nicht nur diese geologische Besonderheit war ausschlaggebend dafür, dass das Gebiet 1937 zum National Monument ernannt und 1971 sogar zum Nationalpark „befördert" wurde.

Erosion

Und so sahen die Gründer auch nicht nur die Natur im Capitol Reef National Park als schützenswert an, sondern auch die vielfältigen Hinterlassenschaften der Menschen, die hier früher siedelten. Sie alle hinterließen ihre Spuren. Letztere waren es auch, die dem Gebiet seinen heutigen Namen gaben. Die gewaltigen Felsformationen erinnerten die ersten Siedler an ein mächtiges Riff. Der Name Capitol Reef ist bis heute geblieben.

Vor langer Zeit, als die Kontinente noch nicht ihre heutige Form hatten und gewaltige Kräfte die Erdplatten über Millionen von Jahren verschoben, bewegte sich auch etwas im Gebiet des heutigen Capitol Reef National Park. Die Anhebung des benachbarten Colorado Plateau schuf hier eine gigantische Falte, eine Verwerfung in nordsüdlicher Richtung – die Waterpocket Fold. Dabei wurden die ursprünglich horizontalen Gesteinsschichten, die sich hier aus Sedimenten, also Ablagerungen urzeitlicher Meere, aber auch aus Wüsten und Felslandschaften über Hunderttausende Jahre gebildet hatten, an der Bruchstelle sichtbar und sind es zum Teil heute noch. Die Erosion durch Wasser und Wind hat den oberen Teil der Verwerfung im Lauf der Jahre bereits abgetragen, sodass man die ursprüngliche Größe der über 2200 Meter hohen Verwerfung nur noch erahnen kann. Diese Abtragungen formten aber auch die spektakulären Felslandschaften, die markanten Klippen, tiefen Schluchten, massiven Monolithen und die namensgebenden „Wassertaschen". Besonders eindrucksvoll zeigt sich dies im nördlichen Teil des Nationalparks, im Cathedral Valley. Hier sieht man deutlich, wie die Erosion den weichen Sandstein abgetragen hat und nur die härteren Gesteine, in teils an mittelalterlich Kathedralen erinnernde Formationen, stehen geblieben sind.

Capitol Reef National Park

Ob die Angehörigen der Fremont-Kultur, die ab etwa 700 n. Chr. im Gebiet des heutigen Nationalparks siedelten und ihre Spuren hinterließen, sich die Entstehung der Waterpocket Fold erklären konnten, sei dahingestellt. Jedenfalls baute eine Gruppe der als Jäger und Sammler bekannten und im fast ganzen Gebiet des heutigen Utah beheimateten Fremont-Indianer auf dem fruchtbaren Schwemmland des Flusses bereits Mais, Bohnen und auch Kürbisse an. Erst Jahrhunderte später, etwa gegen 1250 n. Chr., verschwand diese ethnische Kultur auf rätselhafte Weise. Wissenschaftler gehen inzwischen davon aus, dass eine lang anhaltende Dürre, die den Anbau von

Lebensmitteln unmöglich machte, Auslöser für den Exodus war. Im Nationalpark hinterließen die Fremont-Indianer verschiedene Artefakte, die im Visitor Center ausgestellt sind, und sehenswerte Felsmalereien (Petroglyphen), die von Boardwalks am Rande des Highway 24 aus bequem besichtigt werden können. Später nutzten die als Nomaden bekannten Ute- und Paiute-Indianer die Gegend als Jagdgebiet, bis sich im 19. Jahrhundert erste mormonische Pioniere an den Ufern des Fremont River ansiedelten.

Felsmalereien

Um 1878 kam der Mormone Franklin D. Young in das Tal und baute eine Squatters Cabin, also eine Blockhütte, am Zusammenfluss von Fremont River und Sulphur Creek. Schon bald folgten weitere Mormonen-Familien, die kleine Farmen aufbauten, Gärten und Felder anlegten. Anfangs hieß die kleine Ortschaft einfach Junction, gegen 1904 wurde sie in Fruita umbenannt. Da die Siedlung niemals von mehr als zehn Familien bewohnt wurde, gab es zu keiner Zeit eine kommunale Organisation – die Leitung übernahm der jeweilige Kirchenälteste.

Wie schon die Fremont-Indianer, nutzten auch die mormonischen Siedler die fruchtbaren Flussufer. Sie bauten hier erfolgreich Gemüse und vor allen Dingen auch Obst an und bewässerten ihre Plantagen aus dem Fluss. Die Früchte aus dem abgelegenen Tal vermarkteten die Obstbauern in der näheren Umgebung. Zu diesem Zweck bauten die Bewohner von Fruita eigens einen primitiven Weg durch den Capitol Gorge bis nach Caineville und weiter nach Hanksville. Diese „Straße" diente noch bis 1961 als einzige befahrbare Verbindung in Ost-West-Richtung. Erst der Bau des Highway 24 entlang des Fremont River machte sie überflüssig.

Nach der Gründung des Capitol Reef National Monument machte der Staat den verbliebenen Farmern Angebote für ihre Grundstücke, die von diesen gerne angenommen wurden. Als letzte verkauften 1969 Dewey Gifford und seine Familie ihr Anwesen an den National Park Service und zogen weg. Damit endete die landwirtschaftliche Nutzung des Tals. Die Gifford Farm kann heute als liebevoll eingerichtetes Museum besichtigt werden und spiegelt das Leben der Siedler wider.

Hickman Bridge

Die Gifford Farm

Capitol Reef erstreckt sich auf einem schmalen Streifen in Utahs Garfield County und grenzt im Süden an das Grand Staircase-Escalante National Monument sowie an die Glen Canyon National Recreation Area. Der Nationalpark bietet ein volles Programm für Naturliebhaber, Geologen, Fotografen und Wanderer. In der üppigen Vegetation im Tal des Fremont River sind zahlreiche Vogelarten, Murmeltiere, Squirrels und das unserem Reh ähnliche Mule Deer beheimatet. Neben den angepflanzten Obstbäumen gedeihen hier Pappeln, Weiden, Eschen und unzählige Wildblumen prächtig.

Im starken Kontrast dazu präsentiert sich das Hinterland des Nationalparks mit einem eher wüstenähnlichen Klima. Hier fehlt der Fluss als Lebensader. Die jährliche Niederschlagsmenge liegt meist unter 200 Millimetern. Doch Flora und Fauna haben sich den Umständen angepasst. Und so wachsen hier hauptsächlich Kakteen, anspruchslose Wacholderbüsche und kleine Pinyon-Kiefern. Steinadler und scheue Luchse meiden die menschliche Umgebung und leben daher in der Einsamkeit des Hinterlandes, wie auch Dickhornschafe, Kängururatten sowie Reptilien wie verschiedene Schlangen und Eidechsen.

Das informative Visitor Center am Highway 24 zeigt Ausstellungen, Exponate und einen kurzen Film über den Park. Die Park

Ranger stehen für Fragen aller Art zur Verfügung und präsentieren ein umfangreiches Angebot wie geführte Wandertouren, Lagerfeuerprogramme, Informations-Veranstaltungen und Nachtwanderungen.

Farbenspiel der Felsen

INFO

Lage: im südlichen Zentrum von Utah bei der Kleinstadt Torrey

- Capitol Reef National Park: HC 70 Box 15, 84775 Torrey, UT, Tel. +1 435 425 3791, *CARE_Interpretation@nps.gov*, *nps.gov/care*

Anfahrt: Über I-70 und SR-24 zum östlichen Parkeingang

Eintritt: jeweils 20 USD pro Fahrzeug, 10 USD je Wanderer oder Radfahrer. Die Tickets gelten für sieben Tage.

Aktivitäten: Wandern, Klettern, Backpacking, Radfahren, Tiere beobachten, Fotografieren, Reiten, Rangerprogramme

Campingplätze im Park:

- Fruita: 71 Plätze, Picknicktische, Feuerstelle, Toiletten, Stellplätze können für die Zeit vom 1. März bis 31. Okt über *recreation.gov* oder Tel. +1 877 444 6777 reserviert werden. Ansonsten gilt „First Come, First Served".

47. Capitol Reef National Park: die Obstplantagen der ersten Siedler

Im späten 19. Jahrhundert erkannten die Pioniere die günstige Lage und pflanzten auf dem Gebiet des heutigen Capitol Reef National Park erfolgreich erste Kulturen in den nährstoffreichen Boden. Die noch heute Früchte tragenden Obstbäume der Plantagen an den Ufern des Sulphor Creek und des Fremont River gehen zurück auf die ersten mormonischen Siedler des Fruita-Tales. Die Erträge der rund 2700 Apfel-, Kirsch-, Pfirsich-, Birnen-, Aprikosen-, aber auch Pflaumen-, Mandel- und Nussbäume dienten nicht nur der Ernährung der eigenen Familien, sondern wurden auch in der näheren Umgebung verkauft bzw. gegen Waren eingetauscht.

Aprikosenbäume in voller Blüte

Auf den Obstwiesen

Das immer zur Verfügung stehende Flusswasser war einer der Schlüssel zum Erfolg der Landwirtschaft. Ohne die zusätzliche Bewässerung wäre ein Obstanbau in diesem Umfang nicht möglich gewesen. Hinzu kam der fruchtbare Boden und die warmen Sommertage in diesem Teil des Landes. Die das Tal umgebenden

Historische Obstbäume

Felswände speicherten die Hitze des Tages und sorgten damit auch nachts für milde, den Reifeprozess fördernde Temperaturen. Von Überschwemmungen und den damit verbundenen schweren Verwüstungen, die die Bewohner der flussabwärts liegenden Ansiedlungen Aldrich, Cainville und Hanksville immer wieder heimsuchten, blieb Fruita weitestgehend verschont. Und so dauerte es nicht lange, bis die kleinen Community im südlichen Utah den Beinamen „Paradies von Wayne County" erhielt.

Die Vielfalt der im Fremont-River-Tal kultivierten Obstsorten ist überraschend. Die gilt insbesondere für die Äpfel. Natürlich ist auch der weltweit am häufigsten angebaute Apfel, der Red Delicious, hier stark vertreten. Seine schnell wachsenden und viele Früchte tragenden Bäume gedeihen prächtig in den Plantagen. Besucher des Capitol Reef National Park findet hier aber auch außergewöhnliche Sorten, die nicht so bekannt sind und nicht unbedingt in die Kategorie „Tafelapfel" fallen, weil sie den Anforderungen des modernen Lebensmitteleinzelhandels nicht in allen Punkten gerecht werden. Das hat aber nichts mit der Qualität und erst recht nicht mit dem Geschmack zu tun. Etwas ganz Besonderes ist der „Capitol Reef Red", eine Sorte, die erst seit 1994 speziell für das Klima in Utahs Felsenregion gezüchtet wurde. Etwa 80 dieser Bäume mit ihren süßen und saftigen Früchten wachsen auf der Nordseite des Jackson Orchards.

Jede der vielen Apfelsorten hat ihre Eigenarten und ihren eigenen Geschmack. Heute pflegen die Mitarbeiter des NPS diesen wertvollen Nachlass der Pioniere. Aber die Kulturen leben und entwickeln sich immer noch weiter. Besucher dürfen gegen eine kleine Gebühr auch Früchte in Haushaltsmengen pflücken und mitnehmen.

INFO

Die Orchards sind zentral im Capitol Reef National Park gelegen, ganz in der Nähe des Visitor Centers. Hier erhält man auch Infos über die Blüte- und Pflückzeiten

- Capitol Reef National Park Visitor Center: Tel.+1 435 425 3791, *care_interpretation@nps.gov, nps.gov/care*

48. Goblin Valley State Park: im Tal der Kobolde

Nach den Ureinwohnern, darunter Fremont, Paiute und Ute, die hier lebten und Piktogramme sowie Petroglyphen hinterließen, waren es in der Neuzeit Cowboys auf der Suche nach Vieh, die das Tal mit den außergewöhnlichen Figuren in der San-Rafael-Wüste nördlich der Henry Mountains entdeckten. Aber es dauerte noch Jahrzehnte bis das abgeschiedenen Goblin Valley für den Tourismus erschlossen wurde.

Der 1964 gegründete Goblin Valley State Park ist ein Schaufenster der geologischen Geschichte. Aufgrund der ungleichmäßigen Härte des hier vor 170 Millionen Jahren abgelagerten Sandsteins widerstanden einige Stellen der Erosion viel besser als andere. Das weichere Material wurde im Laufe der Jahrhunderte durch Wind und Wasser entfernt und hinterließ Tausende von einzigartigen geologischen Figuren. Es bildeten sich Wände, Inseln und Säulen neben Spalten und Kanälen. Mit ein wenig Phantasie erkennt man Enten, Pilze und natürlich auch die namensgebenden Kobolde (Goblins).

Im Goblin Valley

Ein Kobold

Ein Tal voller Kobolde

Mit ein wenig Fantasie ...

INFO

im Südosten von Utah, etwa 30 Meilen nördlich von Hanksville

- Goblin Valley State Park: PO Box 637, Green River, UT 84525, Tel. +1 435 275 4584, *stateparks.utah.gov/parks/goblin-valley*

Anfahrt: über I-70 und SR-24

Eintritt: 15 USD je Fahrzeug oder 10 USD je Wanderer oder Radfahrer

Aktivitäten: Wandern, Klettern, Fotografieren, Rangerprogramme

Campingplätze im Park:

- Goblin Valley: 25 Stellplätze, Toiletten, Duschen, Picknicktische, Feuerstelle, Sonnenschutz, Reservierung über *reserveamerica.com* oder Tel. +1 800 322 3770

49. Arches National Park: das Red Rock Wonderland

Mit jährlich über 1,5 Millionen Touristen gehört der Arches National Park im südlichen Utah zu den „Besucher-Millionären" unter den amerikanischen Nationalparks. Er ist bekannt für die weltweit größte Konzentration an natürlichen Steinbögen, die durch Erosion und Verwitterung entstanden sind. Das Gebiet wurde 1929 als National Monument unter Schutz gestellt und 1971 zum Nationalpark aufgewertet.

Landscape Arch

Wasser und Eis, wechselnde extreme Temperaturen und die Bewegungen in einem unterirdischen riesengroßen Salzbett formten im Laufe von 100 Millionen Jahren das Gebiet des Arches National Park. Über 2000 Steinbögen mit lichten Weiten von mindestens 90 Zentimetern bis hin zum Landscape Arch, der mit 91 Metern Spannweite der größte im Park ist, sind hier vorhanden. Dabei ist die Struktur der Landschaft nicht statisch, sie lebt. Bis in die heutige Zeit bilden sich neue Bögen und ältere brechen zusammen. Die Erosion und das Wetter arbeiten langsam, aber kontinuierlich und gestalten so in winzigen Schritten die Landschaft. Manchmal treten die Veränderungen aber auch schlagartig und in dramatischer Weise auf. So löste sich 1991 eine mächtige Felsplatte mit der Größe von annähernd 18x3 Metern und einer Stärke von 1,20 Metern von der Unterseite des Landscape Arch und donnerte lautstark zu Boden. Seitdem ist der Steinbogen noch dünner und fragiler.

Im Gebiet des Nationalparks herrscht ein ausgesprochenes Wüstenklima. Die Temperaturen steigen im Sommer auf über 40 Grad Celsius, während sie im Winter auf bis zu minus zehn Grad Celsius sinken können. Schwankungen innerhalb eines Tages von mehr als 25 Grad Celsius sind dabei keine Seltenheit. Der jährlichen Niederschläge liegen unter 200 Millimetern im langjährigen Mittel. Die extreme Hitze hat zur Folge, dass die Säugetiere im Park wie zum Beispiel Maultierhirsche, Füchse, Hasen und Kängururatten sich angepasst haben und meist in der Nacht oder in der Dämmerung aktiv sind. Auch die Reptilien meiden die größte Hitze des Tages.

Balanced Rock

Die meisten Besucher fahren – am legendären Balanced Rock vorbei – die gut erreichbare Windows Section des Parks an. Hier kann man im Rahmen eines kurzen Spaziergangs das North und South Window, den Turret Arch sowie den Double Arch betrachten. Letzterer hat auch Steven Spielberg gefallen. Er wählte die Location für die Eingangssequenz des Filmklassiker „Indiana Jones und der letzte Kreuzzug" aus.

Eine Wanderung zum weltweit bekannten Delicate Arch ist schon ein wenig anstrengender. Von der Wolfe Ranch aus geht es über blanken Fels und ohne Schatten 2,3 Kilometer meist bergauf (Höhenunterschied 146 Meter). Aber der Ausblick auf den berühmten Sandsteinbogen ist insbesondere beim Sonnenuntergang ein unvergessliches Erlebnis.

Weitere spektakuläre Steinbögen wie der Tunnel, der Pine Tree oder der Landscape Arch sind über gut ausgebaute Wanderwege ab dem Devils Garden Trailhead erreichbar. Wer aber die Ruhe und die Einsamkeit sucht, dem sei das Hinterland des Nationalparks ans Herz gelegt. Der Tower Arch im Bereich Klondike Bluffs hat nur wenige

Tunnel Arch

Besucher. Er ist über die nicht asphaltierte Salt Valley Road und einen 5,5 Kilometer langen, nicht ganz einfachen Wanderweg zu erreichen.

Noch abenteuerlicher ist eine Wanderung durch Fiery Furnace. Hier hat die Erosion in einem Bereich von etwa einem Quadratkilometer enge, unüberschaubare und an Slot Canyons erinnernde Gänge zwischen wandartigen Sandsteinrippen geschaffen. Da es in diesem Felsenlabyrinth keinerlei markierte Wege gibt, darf der Bereich nur im Rahmen von Ranger geführten Touren betreten werden.

Außerhalb des Nationalparks, im nahe gelegenen Moab, erhält der Tourist alles, was er braucht. An der kilometerlangen Hauptstraße wechseln sich Motels mit Fastfood-Restaurants sowie Vermieter von Fahrzeugen aller Art mit Anbietern von Wildwasser- und Querfeldeintouren ab.

INFO

Lage: im Osten von Utah, nahe der Touristenhochburg Moab
- Arches National Park: PO Box 907, Moab, UT 84532, Tel. +1 435 719 2299, *nps.gov/arch*

Anfahrt: über I-70 bis Crescent Junction, dann auf US-191 bis zum Parkeingang, wenige Kilometer vor Moab

Eintritt: 30 USD je Fahrzeug oder 15 USD je Wanderer oder Radfahrer. Die Tickets gelten für sieben Tage.

Aktivitäten: Wandern, Radfahren, Reiten, Klettern, Fotografieren, Stargazing, Rangerprogramme

Campingplätze im Park:
- Devils Garden: 51 Plätze, Toiletten, Picknicktische, Feuerstellen, Reservierungen vom 1. März bis 31. Okt über *recreation.gov* oder Tel. +1 877 444 6777 reserviert werden. Ansonsten gilt „First Come, First Served".

Hinweis: Um den Besucheransturm zu kanalisieren, hat der NPS für den Arches National Park ein Online Reservierungssystem eingerichtet. Besucher können bis zu drei Monate im Voraus unter *recreation.gov* Reservierungen vornehmen. Infos unter *go.nps.gov/ArchesTicket*

50. Canyonlands National Park: drei Parks in einem

Der Nationalpark ist in drei Teile gegliedert: „Island in the Sky" im Norden, „The Needles" im Südosten und der abgelegene und schwer zu erreichende „The Maze"-Distrikt im Westen. Seit 1971 gehört auch die für ihre historischen Felszeichnungen bekannte Exklave „Horseshoe Canyon" zum Nationalpark.

Soweit das Auge reicht

Den meisten Menschen war vor 1964 das spektakuläre Gebiet im Herzen des Colorado Plateau unbekannt. Nur Indianer, Cowboys und Bergleute auf der Suche nach Uran wagten sich in die zerklüftete und recht einsame Landschaft. Dann wurde die 1366 Quadratkilometer große Wildnis mit den unzähligen Canyons zum Nationalpark erklärt. Aber auch heute noch sind die meisten Teile der Canyonlands unerschlossen und nur wenige Straßen asphaltiert.

Schwindelerregender Shafer Trail

Das „Island in the Sky" ist von Moab über den asphaltierten Highway 313 gut zu erreichen und daher wohl der am stärksten von Besuchern frequentierte Teil des Nationalparks. Die Straße führt auf der Hochebene zu den verschiedenen Aussichtspunkten, von denen man atemberaubende Blicke in die von Green River und Colorado River gefrästen Canyons genießen kann. Gegenüber dem Visitor Center führt der abenteuerliche Shafer Trail hinab zur Potash Road und dann zurück nach Moab. Die Gravel Road mit zahlreichen Serpentinen, aber ohne Leitplanken, sollte nur von versierten Fahrern mit Allrad-Fahrzeugen genutzt werden.

Weitere Abzweige führen zum Green River Overlook und zum Upheavel Dome, über dessen Entstehung verschiedene Theorien existieren. Die Wissenschaft ist sich nicht einig, ob der Upheavel Dom ein Meteoritenkrater oder der Rest eines riesigen Salzstocks ist oder ob er aus einer kryptovulkanischen Explosion entstanden ist. Wie auch immer, der mächtige Krater mit einem Durchmesser von rund 1,4 Kilometern und bis zu 400 Metern Tiefe macht deutlich, welche Kräfte hier am Werke waren. Am Ende des Highway 313 liegt der Grand View Point, ein Aussichtspunkt der seinen Namen zu Recht verdient. Von hier aus blickt man nicht nur auf große Teile des Nationalparks, sondern kann am Horizont, als Kontrast zu den Canyonlandschaften, die zerklüfteten Bergketten der La Sal Mountains im Osten und der Abajo Mountains im Süden ausmachen.

Aussicht vom Grand View Point

Ganz anders, einsamer und uriger, präsentiert sich „The Needles“. Auch hier hat die Erosion über Jahrtausende die Landschaft gebildet. Sie hat rötlich-weiß gestreifte Felszinnen („Needles“) hinterlassen und, ähnlich wie im nahe gelegenen Arches National Park, auch natürliche Steinbögen. Ein markantes Beispiel ist der 47 Meter hohe Angel Arch in einem Arm des Salt Creek Canyon. Die meisten dieser Natursteinbögen liegen versteckt im Hinterland des Nationalparks. Auskünfte geben die Ranger zum Beispiel im Needles Visitor Center, knapp 120 Kilometer südlich von Moab und über die Highways 191 und 211 zu erreichen. Hier erhält man auch Informationen über die Anasazi und die prähistorischen Ureinwohner, die vor langer Zeit im heutigen Needles-Gebiet lebten und an den Klippen und Wänden zahlreiche Piktogramme (Felszeichnungen) und Petroglyphen (Felsritzungen) hinterließen. Die Bedeutung der

Figuren, Handabdrücke und anderer Abbildungen bleibt bis heute größtenteils ein Geheimnis. Der rund ein Kilometer lange Cave Spring Trail führt nicht nur zu derartigen Piktogrammen, sondern auch zu einem durch einen Felsüberhang geschützten historischen Cowboy Camp. Es ist eine Art Open-Air-Kochbereich, bestehend aus einem einfachen Herd, ein paar Holztischen, Aufbewahrungstruhen und einer merkwürdigen Auswahl an Bratpfannen, Töpfen und anderen grundlegenden Küchenutensilien.

„The Maze" (der Irrgarten) ist der abgelegenste Teil des Nationalparks. Hier erwartet die Besucher ein imposantes und wildes Labyrinth aus Canyons, Felstürmen und Tafelbergen – eine zerklüftete, wasserarme Wildnis aus Fels, Sand und verkümmerten Wacholderbüschen. Es gibt eine Handvoll Gravel Roads, die aber nur mit Geländewagen und entsprechender Bodenfreiheit und Bereifung befahren werden sollten. Das einsame Gebiet kann nur von Süden aus über nicht asphaltierte Straßen eigenverantwortlich erreicht werden.

INFO

Lage: im Osten von Utah, südlich von Moab

- Canyonlands National Park: 2282 Resource Boulevard, Moab, UT 84532, Tel. +1 435 719 2313, *canyinfo@nps.gov, nps.gov/cany*

Anfahrt: über I-70 bis Crescent Junction, dann auf US-191 bis Moab und von dort zu den verschiedenen Parkeingängen

Eintritt: 30 USD je Fahrzeug oder 15 USD je Wanderer oder Radfahrer. Die Tickets gelten für sieben Tage.

Aktivitäten: Wandern, Radfahren, Reiten, Klettern, Bootstouren auf dem Green River und Colorado River, Fotografieren, Stargazing, Rangerprogramme

Campingplätze im Park:

- Willow Flat (Island in the Sky): 12 Plätze, Toiletten, Picknicktische, Grill
- Squaw Flat (Needles District): 29 Plätze, Toiletten, Picknicktische, Grill

Jeweils „First Come, First Served".

Register

U

V

W

Y

Z

Bildnachweis:
Alle Bilder von Wolfgang Förster außer Christian Mehlführer cc by-sa 3.0 S. 17o | Dave Tavres pixabay S. 18u | Diatthea c by 3.0 S. 158 | Faaike pixabay S. 15u | Foudry co pixabay S. 17u | John Fowler cc by 2.0 S. 151u | maps4news S. 24, 25, 29, 81, 129, 165, 205 | Mélanie Lacroix pixabay S. 18o | Mike Goad pixabay S. 14 | Mono County Tourism S. 104/105 | NASA S. 44 | Nature Pix pixabay S. 19 | NLT Ryan Salm S. 82, 85 | NPS Harry Glicken S. 42 | NPS Ivie Metzen S. 40 | NPS Jamie Mansfield S. 236 | NPS Jim Preace S. 50 | NPS John Chao S. 64 | NPS Kevin Bacher S. 38/39 | NPS S. 30, 31, 32o, 32u, 53, 56, 60, 61, 62, 63, 65, 66, 67, 68, 69, 70, 74, 90, 94, 111, 113, 118, 119, 120, 122, 123, 124, 135, 147, 150, 151o, 153, 174, 175, 176, 178/179 , 180, 202/203, 206, 207 | NPS Tim Rains S. 34 | Steppinstars pixabay S. 15o | Todd Cullings S. 43 | Tom White pixabay S. 160